런던 커피하우스

LONDON Coffeehouse

그 찬란한 세계

지은이 Matthew Green

Matthew Green은 영국의 역사학자이다. 18세기 런던 대중매체의 탄생에 관한 연구로 옥스퍼드 대학교에서 박사 학위를 받았다. 『텔레그래프』(*Telegraph*)와 『가디언』(*Guardian*)에 역사 관련 칼럼을 기고하고 있으며, BBC와 ITV에서 방영된 17~18세기의 런던 커피하우스를 다룬 다큐멘터리에 출연하기도 하였다. 그는 TV와 같은 전통 매체뿐만 아니라 첨단 디지털 매체를 활용하여 역사의 대중화에 앞장서고 있다. Unreal City Audio의 공동 설립자이다. 그의 또 다른 저서로는 *London: A Travel Guide Through Time*(2015)이 있다.

옮긴이 김민지·박지현·윤지영

경북대학교 신문방송사에서 *The KNU Times*의 기자로 함께 활동한 세 사람은 런던 커피하우스에 매료되어 이 책을 우리말로 번역하게 되었다.
김민지는 경북대학교 영어교육과를 졸업했고, 박지현과 윤지영은 현재 경북대학교 경제통상학부 4학년, 영어교육과 4학년에 재학 중이다.

런던 커피하우스, 그 찬란한 세계

THE LOST WORLD OF THE LONDON COFFEEHOUSE

초판 1쇄 2016년 5월 31일 • **초판 2쇄** 2016년 10월 6일
지은이 Matthew Green • **옮긴이** 김민지·박지현·윤지영 • **펴낸 곳** 경북대학교출판부
출판등록 1973년 10월 10일 ㉣97호 • **주소** 대구광역시 북구 대학로 80
전화 053-950-6741~3 • **팩스** 053-953-4692 • **이메일** press@knu.ac.kr
홈페이지 http://knupress.com
ISBN 978-89-7180-441-4 03800

* 정가는 뒤표지에 있습니다. 파본은 바꾸어 드립니다.

런던 커피하우스

그 찬란한 세계

Matthew Green 지음
김민지·박지현·윤지영 옮김

경북대학교출판부

감사의 말

한국의 독자 여러분, 안녕하세요! 커피에 대한 관심이 급증하고 있는 한국에서 영국의 커피하우스를 다룬 제 책을 소개할 수 있게 되어 무척이나 기쁩니다. 제 조사가 맞다면, 현재 한국에는 5만여 개의 카페가 있습니다. 서울만 해도 인구 1만 명당 17개의 카페가 있더군요. 이는 샌프란시스코나, 스타벅스의 고향 시애틀보다도 더 많은 것입니다. 많은 영국인들처럼 여러분들도 스타벅스에 익숙하시겠지요. 하지만 저의 이 작은 책을 통해 한때 런던에 무척이나 기발하고 창의적인 커피 문화가 꽃피었다는 사실을 알게 되면 좋겠습니다. "쓰고 걸쭉한 이슬람 음료"가 17~18세기 런던의 모습을 완전히 바꾸어 놓았고, 세상을 뒤집을 만한 놀라운 아이디어들이 나오도록 영감을 불러일으켰다는 사실, 믿어지시나요? 진한 블랙커피 한잔과 함께 런던 커피하우스로 즐거운 여행을 떠나 보시기 바랍니다.

독자 여러분들의 행복을 빌며
Matthew Green

THE LOST WORLD OF THE LONDON COFFEEHOUSE

목 차

런던 커피하우스 그 찬란한 세계

THE LOST WORLD
OF THE LONDON COFFEEHOUSE

커피하우스에 가는 것은 일종의 여행이었다.
한 사람의 인생을 바꾸어 놓을지도 모를
무언가를 발견하기 위한 여행 말이다.

스타벅스에서 생면부지生面不知의 사람에게 불쑥 다가가, 새로운 뉴스가 없는지 다짜고짜 물어보는 당신의 모습을 상상할 수 있겠는가? 혹은 누군가의 커피 잔 옆에 시집 한 권을 내려놓으며 비평을 요구하다가, 금세 매장이 떠나갈 듯 큰 소리로 자신의 생각을 토로하는 모습은?

이렇게 행동하면 몰상식한 사람 취급을 받게 될 것이 뻔하다. 안타까운 일이지만 오늘날 커피숍에 가는 일은 그다지 특별하지도, 기억에 남는 것도 없는 일상이 되어 버렸다. 가장 최근에 커피숍에 갔을 때 무슨 일이 있었냐는, 정말로 무슨 일이 있었냐는 질문을 받게 되면 당신은 아마 머뭇거리게 될 것이다. 처음 만난 누군가와 정신적 교감을 나눈 적도, 운명적 깨달음을 얻은 적도 없었을 테니. 또 마음을 사로잡는 멋진 광경을 보았거나, 큰돈을 얻거나 잃은 적도 없었을 테니까. 하지만 300년 전에는 달랐다. 커피하우스에 가는 것은 일종의 여행이었다. 한 사람의 인생을 바꾸어 놓을지도 모를 무언가를 발견하기 위한 여행 말이다. 영국 곳곳에 있던 수천 개의 커피하우스에서는 낯선 이와 이야기하는 것이 — 때로는 몇 시간씩이나 이야기

창의력과 혁신, 그리고 재치의 도가니라
할 만한 커피하우스들은
런던의 모습을 완전히 바꾸어 놓았다.

해도 — 전혀 거슬리거나 무례한 일이 아니었다. 이런 행동은 오히려 권장되었다.

사실 카페인이 주는 흥취를 적극 즐기려는 이러한 전통이 유럽의 벽촌僻村에 불과했던 영국을 계몽 강국으로 바꾸어 놓았다. 생각해 보라. 1650년만 하더라도 내전으로 황폐화된 영국은 광신적인 청교도 신자들에 의해 다스려지고 있었다. 그리고 사실상 파산 상태나 다름없었다. 당시 유럽 내 영국의 입지는 미미하기 짝이 없었다. 그러나 1750년경 영국은 전 세계에서 가장 자유로운 대중매체와 정보에 빠른 시민들, 그리고 가장 세련된 경제를 가진 유럽 계몽주의의 요람搖籃으로 변모하였다. 로마보다 더 큰 제국이 되었음은 새삼 언급할 필요도 없겠다.

이와 같은 극적인 변화의 배경에는 1650년대에 등장한, 역겨울 정도로 쓰고 검은 터키 음료가 있다. 커피라 불렸던 이 음료는 주로 커피하우스에서 소비되었다. 창의력과 혁신, 그리고 재치의 도가니라 할 만한 커피하우스들은 런던의 모습을 완전히 바꾸어 놓았다. 사람들을 끌어모아, 오늘날 우리가 사는 세계를 형상화할 탁월한 아이디어들이 나올 수 있도록 영감을 불러일으켰다.

지옥처럼 검게, 죽음처럼 강하게, 사랑처럼 달콤하게

Black as Hell, Strong as Death, Sweet as love

런던에서 처음으로 커피를 판 사람은 파스쿠아 로제Pasqua Rosée였다. 그리스 태생의 이 괴짜는 영국 레반트Levant사의 무역상 다니엘 에드워즈Daniel Edwards의 하인이자 통역관, 회계 담당자였으며 터키의 스미르나Smyrna에서 일하고 있었다. 레반트사 무역상들은 대저택에서 호화롭게 살면서 삶에 활기를 주는 뜨거운 음료에 점차 맛을 들이게 되었다. 터키에서는 이미 백 년도 더 전부터 어디에서나 흔히 접할 수 있었지만, 영국에서는 옥스퍼드와 케임브리지 대학의 몇몇 학자들만 알고 있었던 이 음료를 터키인들은 '카베kahve', 영국인들은 커피라 불렀다. 의욕과 재치를 더해 주는 이 '카베'에 다니엘 에드워즈는 곧 중독되었다. 커피의 비밀을 잘 알고 있던 파스쿠아는 주인이 거위깃 펜과 종이를 옆에 두고 반짝이는 에게 해 너머를 바라볼 때면 하루에도 몇 번씩 커피를 볶고 갈고 끓여 대령하곤 하였다. 1651년 사업상의 이유로 화창한 터키의 낙원을 떠나 차갑고 어두운 런던으로 되돌아와야 했을 때 에드워즈는 커피 없는 삶을 상상할 수가 없었다.

에드워즈는 파스쿠아와 함께 런던으로 왔다. 월브룩Walbrook에 있는 멋진 고급주택이 그들의 새 거처였다. 파스쿠아는 하루에 세 번 커피를 끓여 응접실로 가져갔다. 이 새로운 음료를 홀짝이며 유대를 다지고 거래를 성사시키는 지역상인들을 보며 에드워즈는, 커피가 유쾌한 분위기를 조성한다는 사실을 불현듯 깨달았다. 그로부터 300년도 더 지난 1983년 시애틀에 연고를 둔 무명의 로스팅 업체, 스타벅스의 마케팅 부장 하워드 슐츠Howard Schultz도 이와 비슷한 경험을 하게 된다. 밀라노 뒷골목의 전형적인 이탈리안 에스프레소 바에 들른 슐츠는 바 주위에 모여 에스프레소를 홀짝이며 대화에 몰두하는 지역주민들, 모두의 이름을 알고 있는 나비넥타이 차림의 바리스타들, 흩어진 신문과 요란하게 울리는 오페라 음악에서 영감을 받았다. 그는 후일 이런 광경에 "커피의 로맨스"라는 이름을 붙였다. 슐츠는 "커피가 사람들을 모이게 한다는 것, 그리고 내가 아는 한 미국에는 커피를 매개로 사람들을 불러 모으는 장소가 아직 없다는 생각이 불쑥 떠올랐다."라고 당시를 회상했다. 에드워즈의 갑작스런 깨달음은 런던의 모습을, 슐츠의 갑작스런 깨달음은 세계를 완전히 바꾸어 놓았다.

1652년 파스쿠아는 세인트 마이클스St. Michael's 교회묘지 담장 너머로 미로처럼 얽혀 있던 어느 중세 골목에서 런던 최초의 커피하우스를 열었다. 지금 이곳에는 형형색색의 화단, 작은 귀금속 상점들과 유서 깊은 태번tavern[1]들이 자리하고 있으며, 콘힐

Cornhill의 소음이 들리지 않을 만큼 조용하다. 낮에는 분주한 직장인들의 발자국 소리 가득하지만, 퇴근시간이 지나면 귀신이라도 나올 듯 인적 드문 것도 이 도시 여느 곳과 별반 다르지 않다. 하지만 1650년대에 이곳은 유럽에서 가장 큰 도시로 급성장하던 런던의 주거 중심지였고, 모퉁이를 돌아 교회묘지 안쪽까지 뻗어 있던 붐비고 소란스러운 시장의 일부였다. 돌담을 따라 늘어선 좌판에서 잉크·굴·밤·잔치술·담배·벨트 버클 같은 것들이 팔리고 있었고, 노점상 특유의 호객 소리가 진종일 끊이지 않았다. 바로 이곳에 파스쿠아의 커피하우스가 있었는데, 간판에는 터번을 쓴 그의 머리와 상반신이 그려져 있었다. 사실 이곳에 '하우스'라는 단어를 붙이는 것이 적절해 보이지는 않는다. 집이라고 할 때 떠올리게 되는 식탁이나 의자, 문 같은 것들이 하나도 없었기 때문이다. 그건 그냥 판잣집이었다. 정말 아무것도 없는 엉성한 나무 판잣집 말이다. 당대의 그림은 전하지 않지만 아마 다음 페이지의 그림과 같이 생겼을 것이다.

실내에 연기가 자욱하여 금방 불이라도 날 것 같은 이 허름한 판잣집은 정말이지 별 볼 일 없어 보인다. 하지만 우리가 곧 살펴보게 될 것처럼, 현대 세계와 관련된 많은 것들이 바로 이 판잣집에 기원을 두고 있다.

파스쿠아는 아마도 연기 자욱한 매대 뒤에서 커피를 만들었을 것이다. 또 펄펄 끓는 커피를 작은 사기잔에 따를 때에는 매대 위에 널려 있는 발라드나 필사본 소식지, 시편이나 편지, 트럼프 카

파스쿠아 로제의 커피 판잣집 상상도

드 같은 것에 홀리지 않으려고 무척 애썼을 것이다. 영국 날씨 중에서 비를 가장 힘들어했던 그가 요란한 이슬람 문양으로 장식된 차양을 설치해 둔 덕분에 손님들은 비를 피할 수 있었다.

파스쿠아의 커피하우스는 곧 논란을 불러일으켰다. 커피가 터키에서 들어온 것이었기 때문이다. 당시 터키는 유럽을 절단 낼 것 같은 호전적인 이교도 국가, 퇴폐와 타락이 판치는 "악의 제국"으로 여겨지고 있었다. 하지만 1650년대의 런던 역시 그리 살기 좋은 곳은 아니었다. 크롬웰Cromwell 정권이 대도시 삶의 즐거움을 죄다 앗아가고 있었기 때문이다. 음악과 춤이 금지되었고, 극장은 폐쇄되었다. 크리스마스 행사가 불법이 된 것은 물론, 교회에 걸려 있던 성화聖畫들까지 모두 철거되었다. 또 치안판사들[2]은 간통죄에 사형 선고를 내리느라 바빴다. 이런 상황을 고려하면 파스쿠아의 커피하우스는—다소 논란의 여지는 있겠지만—우울하고 음침한 도시에 떠오른 희망의 무지개 같은 존재였다.

커피에 관한 소식은 순식간에 퍼져 나갔다. 불과 몇 주 만에 각계각층의 런던 시민들이 파스쿠아의 판잣집으로 몰려가 서로 인사를 나누고, 마시고, 생각하고, 글을 쓰고, 담배를 피우고, 수다를 떨고, 논쟁을 벌이고, 춤을 추고, 농담을 즐겼다. 이 모든 것에 불을 지핀 것은, 엄청나게 쓰지만 어떻게든 사람을 도취시키고야 마는 커피였다. 개점 직후 파스쿠아는 「커피 음료의 장점, 파스쿠아 로제에 의해 영국 최초 생산 및 공개 시판」이라는 제하題下의 광고지를 배포했다. 먼저 입천장을 데지 않는 선에서 "견딜 수 있는 한 가장 뜨겁게", 그리고 진하게 마시라는 것은 꽤 일리 있는 말이었다. 또 파스쿠아는 "커피를 마시면 서너 시간 안에는 잠들기 어려우니 저녁식사 후에는 마시지 말라."고 경고했다. 커피를 마시기에 가장 적당한 시간은 아침이나 오후 서너 시 정도였다. 넉넉하게 반 파인트pint 정도를 마시고 나면 "마음이 가벼워지고", "활기가 생기며", "일하기 적합한 상태"가 될 것이었다. 그의 조언대로라면 큰 커피 잔을 양손으로 잡고, 땅돼지처럼 김까지 들이마셨을 때 커피의 효과가 극대화되었다.

커피는 이교도의 것이라는 말의 부정적 함의含意를 깨닫게 된 파스쿠아는 커피가 세상의 온갖 질병을 치료하는 만병통치약인

양 선전해 댔다. 커피에 덧씌워진 부정적 인식을 가급적 빨리 걷어 내기 위해서였다. 그의 선전에 따르면 "아라비아 사막의 작은 나무에서 자라고, 터키 전역에서 널리 음용"되고 있는 이 열매는 수종水腫, 괴혈병, 통풍, 두통, 여드름, 물집, 요로결석, 폐렴, 연주창連珠瘡, 조산, 우울증, 심지어는 산통에까지 효과 탁월한 치료제였다. 커피로 못 고칠 병이 거의 없었던 셈이다.

이는 실로 대담하면서도 효과적인 홍보였다. 신사 과학자gentleman scientist[3] 니콜라스 브레러턴Nicholas Brereton에 의하면 1654년경 파스쿠아는 매일 600잔 이상의 커피를 팔았다. 물론 1660년대 커피 한 잔 가격이었던 1페니에 팔았다고 쳤을 때의 계산이다. 그 당시의 커피가 얼마나 마시기 거북한 음료였는지를 감안하면, 이는 정말 인상적인 성과라 하겠다. 파스쿠아도 잘 알고 있었을 오래된 터키 속담에 따르면, 커피는 "지옥처럼 검게, 죽음처럼 강하게, 사랑처럼 달콤하게" 마셔야 한다. 파스쿠아가 끓인 음료는 분명 첫 두 구절 내용에 부합했을 것이다. (이 당시 설탕은 아직 널리 유통되지 않았다.) 그리고 이는 영국인들의 미각에 충격을 주었던 것 같다. 1654년에 커피를 맛본 어떤 손님은 "다소 뜨거웠고 마시기 편하지는 않았지만 뒷맛은 괜찮았다. 방귀가 많이 나왔다."라고 평했다. 초창기에 커피를 맛본 또 다른 손님은 "색과 모양은 검댕 시럽, 냄새는 오래된 신발"과 비슷하다고 생각했다. 또 어떤 이들은 커피를 잉크, 오일, 진흙, 재, 불에 그을린 자두, 심지어 똥과 비교하기도 하였다. 풍자극 『모든 거래에서의 부정행위』

(1664)에는 커피 장수 한 명이 등장한다. 그는 키우던 고양이가 커피 솥에 똥을 누는 것을 보았지만 맛이 더 좋아질 수도 있겠다는 생각에 커피를 새로 끓이지는 않기로 한다.

완벽하게 끓여 비단결같이 부드러워진 플랫 화이트에 익숙한 우리가 17세기의 커피를 맛보게 된다면, 화장실로 직행하게 될지도 모르겠다. 오래 끓여 걸쭉하고, 여과하지 않아 모래 섞인 듯한 데다, 연기 냄새까지 배어 있기 때문이다. 하지만 우리 중 누군가가 이 커피를 맛보게 되더라도, 냄새까지 고약한 이 물질이 근대 계몽주의에 불을 지폈다는 사실은 믿지 못할 것이다. 런던 시민들이 무리 지어 몰려들도록 부추긴 것은 커피의 맛이 아니라, 커피가 주는 사교적 효과였다. 사람들은 곧 대화와 토론 그리고 사색을 촉진하는 커피를 좋아하게 되었고, 파스쿠아의 가게는 금세 뉴스와 가십이 넘쳐 나는 사교 활동의 중심지가 되었다. 사실 당시 영국에는 술에 취하지 않고 맨 정신인 사람이 거의 없었다. 식수원인 강물이 심하게 오염되어 있었기에 대부분의 사람들은 물을 탄 에일 맥주를 마셨다. 그 결과 사람들은 항상 약간씩은—혹은 아주 심하게—취해 있었다. 커피의 도래가 취하지 않는 시대의 여명을 밝힌 것이다. 그리고 사람들이 처음으로 분별력 있게 생각할 수 있게 되자, 불과 수십 년 만에 엄청난 경제 성장을 이룰 길이 열렸다. 그러므로 대영제국을 건설한 것은 차가 아니라 커피였다. 이 새로운 음료는 매일같이 파스쿠아의 가게로 몰려드는 상인과 무역상들을 중독시켰다. 이들에게 커피는 하루

일과에 마침표를 찍어 주는 육체적·정신적 활력소였으며, 영감에 이르는 좋은 통로였다.

하지만 이러한 커피 열풍을 모두 다 좋아했던 것은 아니다. 당시 콘힐에서 영업 중이던 다섯 명의 태번 업주들은 파스쿠아의 커피하우스가 달갑지 않았다. 열성 청교도 치안판사들 때문에 생계가 막막해진 이들에게 파스쿠아의 판잣집은 불길한 커피제국의 첫 번째 전초기지 같은 것이었으리라. 이들은 파리 날리는 가게를 내버려 둔 채 조지 인George Inn(현재의 George and Vulture Tavern) 앞에 모여, 커피 이야기를 우스꽝스럽게 늘어놓는 파스쿠아를 눈엣가시처럼 바라보았을지도 모르겠다. 게다가 대중들은 커피를 만취·폭력·정욕에 대한 치료약으로, 즉 순수한 생각·예의 바름·위트의 기폭제로 생각하기 시작했다. 엎친 데 덮친 격이었으리라. 1674년에 쓰인 어느 시에는 이렇게 적혀 있다:

위험한 포도가 품고 있는 달콤한 독이
전 세계에 퍼져 모든 것이 파괴되었을 때

신이 불쌍하게 여기시어 우리를 치료하고
휘몰아치는 일사병을 멈추기 위해

먼저 우리에게 만병통치의 열매를 보내시니
우리는 일시에 술에서 깨어나 즐거워졌다.

커피하우스가 벌집처럼 북적대자 파스쿠아는 사업을 확장하고 싶은 생각이 간절해졌다. 마침 세인트 마이클스 앨리St. Michael's Alley 건너편의 집 한 채가 매물로 나오면서, 그는 자신의 커피 판잣집을 커피 '하우스'로 바꿀 기회를 얻게 되었다. 이제 그는 엄청난 부와 명예를 거머쥐며 성공가도를 달렸던 딕 휘팅턴Dick Whittington과 자신을 동일시하기 시작했다. 과거 어느 상인의 말단 직원이었으나 이제 세상에서 가장 큰 커피하우스의 마에스트로가 된 자신이 티끌 하나 없는 창문으로 추위에 떠는 노점상들을 내려다보는 모습을 상상했지만, 실현되지는 못했다. 대형 커피하우스가 도시 전역에 들어설지도 모른다는 생각이 든 태번 주인들이 골목 맞은편의 이 외국인 체류자를 몰락시킬 음모를 꾸몄기 때문이다.

태번 주인들과 런던 시장市長 그리고 거칠고 계산적인 사기꾼 크리스토퍼 보우만Christopher Bowman이 담합하자, 파스쿠아는 결국 몰락하고 말았다. 당초 자신의 마부였던 보우만을 보내 파스쿠아와 함께 일하게 했던 것은 에드워즈였다. 파스쿠아의 커피하우스가 외국인이 운영하는 불법 업체라는 비난을 완화하기 위해서였다. 그러나 보우만은 커피 제조법만 빼낸 다음, 파스쿠아를 내쫓았다. 1650년대에 쓰인 익명의 시「파스쿠아에게 부치는 송가」에는 어떤 이가 날로 번창하는 보우만의 커피하우스 맞은편에서 실의에 빠져 힘들게 살아가는 모습이 묘사되고 있다. 1658년, 파스쿠아는 결국 역사의 뒤안길로 사라지고 만다. 이후 파스쿠아 로제에게 무슨 일이 있었는지를 아는 사람은 아무도 없다.

비록 파스쿠아는 사라졌지만 그의 꿈은 살아남았다. 그는 커피하우스 열풍에 불을 붙였고, 그의 "쓰고 걸쭉한 이슬람식 음료"는 런던의 모습을 영원히 바꾸어 놓았다.

최근 유행하는 이 형편없는 이교도의 음료, 커피

That Newfangled, Abominable, Heathenish Liquor called COFFEE

코벤트 가든Covent Garden의 한 이발사는 자신의 비망록에서 1659년 무렵을 이렇게 회상하고 있다. "이 당시에는 커피라는 터키 음료가 거의 모든 거리에서 팔리고 있었다." 또 같은 해에 문화계의 거장 존 이블린John Evelyn은 이렇게 한탄하고 있다. "신사라고 하는 작자들이 걸쭉한 음료를 마시며 담배를 피우느라 시간을 다 허비하고 있다." 그에게는 이러한 모습이 대도시 악습 중 "가장 개탄스러운" 것이었으리라. 이 이발사나 존 이블린은 런던의 커피하우스 열풍을 맨 처음 목격한 축에 속한다. 파스쿠아가 사라지고 5년이 지난 1663년 즈음에는 커피하우스들이 우후죽순처럼 생겨났다. 신규로 영업을 허가받은 81개의 커피하우스가 성벽 안쪽에서 문을 열었고, 그 밖의 몇몇 커피하우스들은 코벤트 가든에 있던 윌 커피하우스Will's Coffeehouse처럼 성벽 바깥쪽에 자리를 잡았다.

1660년대에 새뮤얼 피프스Samuel Pepys는 커피하우스가 너무 많아 선택에 어려움을 겪곤 했다. 그의 일기에는 이런저런 커피하우스를 방문했다는 내용이 99번이나 나온다. 올드게이트Aldgate의 어느 커피하우스에서 피프스는 위험천만한 여행담을 들었다. 그것은 "구름이 발아래 있는 것처럼 보이고", 별들이 "가장 우아하게 빛나며", 구름이 하산하는 이의 옷깃을 적신다는 아시아의 산맥을 넘나드는 모험담이었다. 또 콘힐의 커피하우스에서는 깨어 있는 것과 꿈꾸는 것 간에 진짜로 차이가 있는지를 궁금해했던 윌리엄 페티 경Sir William Petty과 수준 높은 대화도 나누었다. 1660년 겨울 피프스는 이렇게 회상했다. "그날 저녁 처음으로 콘힐에 있는 커피하우스에 갔다. 그곳에서 각양각색의 사람들과 대화를 나누어 너무도 즐거웠다." 이곳은 아마도 세인트 마이클스 앨리에 있던 크리스토퍼 보우만의 커피하우스였을 것이다. 피프스는 예리한 관찰력으로 커피하우스 고유의 특징들을 재빨리 포착해 냈다. 다양한 손님들, 유쾌발랄함, 호기심을 자극하는 광범위한 대화가 바로 그것이다. 하지만 그는 커피 자체에는 그다지 관심이 없었던 것 같다.

파스쿠아 이후 커피하우스 붐이 일어났지만, 런던의 커피하우스들이 곧장 성공가도를 달렸던 것은 아니다. 커피하우스들은 일련의 시련을 극복해야 했다. 맨 처음 닥친 시련은 런던 대화재[4]였다. "오, 참혹하고도 불행한 광경이여! 만 채도 넘는 집들이 불길에 휩싸인 것을 내 눈으로 보게 되다니." 존 이블린은 이렇게 탄식했다. 이 화재로 플리트 스트리트Fleet Street의 레인보우 커피하우스Rainbow Coffeehouse를 제외한 모든 커피하우스들이 소실되었

17세기의 커피 광고에 등장하는 커피하우스

다. 하지만 대중의 수요를 잘 알고 있었던 업주들은 서둘러 돌아와 건물을 새로 짓고 사업을 재개했다.

그다음 시련은 전혀 다른 곳에서 비롯되었다. 바로 여성들이었다. 커피하우스라면 질색할 만한 이유가 여성들에게는 있었다. 우선 여성은 커피하우스에 출입할 수 없었다. 여성이 커피하우스에 출입하면 안 된다는 공식 규정이 있었던 것은 아니다. 그러나 여자가 커피하우스에서 담배를 피우며 정치를 논한다는 것은 당시 영국 남자들에게는 말도 안 되는 황당한 일이었다. 물론 당시 커피하우스에 여자가 전혀 없었다는 말은 아니다. 가장 악명 높았던 커피하우스 중 몇 곳은 과부들이 운영하고 있었고, 18세기에 만들어진 커피하우스 관련 인쇄물에도 가슴 풍만한 웨이트리스들이 단골로 등장한다. 하지만 엘리트 여성들이 디밴divan[5]에 비스듬히 기대앉아 토론 주제를 정하고 아이디어를 교환하며 대화를 주도하던 17세기 파리의 살롱과 런던의 커피하우스는 완전히 달랐다. 런던에서는 자존감이 있는 여자라면 그 누구도 굳이 커피하우스에 들어가려 하지 않았다. 매춘부로 낙인찍힐 것을 우려했기 때문이다.

여성들은 반발했다. 남편들이 한가하게 신문을 읽거나 낯선 사람들과 수다를 떨며 시간을 허비하는 것에, 즉 가장家長으로서의 본분은 등한시한 채 이와 무관한 일에 시간을 허비하는 것에 아내들은 점차 짜증이 났다. 리처드 스틸Richard Steele은 자신의 잡지 『태틀러』*Tatler*에 "정치에 관심이 많은 천갈이 기술자"를 되풀이해 등장시키며 이러한 세태世態를 풍자한 바 있다. 이 인물은 자신의 가게가 망해 가고 가족이 굶주려도 아랑곳 않는다. 커피하우스에 죽치고 앉아 "왕자들을 퇴위시키고, 여러 왕국의 국경을 획정하며, 매우 정의롭고 공평무사하게 유럽의 세력 균형을 맞추는" 일에 시간을 허비할 뿐이다. 이처럼 구체성이라고는 전혀 없는 노변한담爐邊閑談 수준의 정치적 의견이나 옹호하며, 누구든 들어 줄 사람만 있으면 거들먹거리며 말하는 사람들을 스틸은 "커피하우스

정치인들"이라고 불렀다.

1674년에는 『커피에 반대하는 여성들의 탄원서』라는 제하題下의 팸플릿이 발행되었다. 이 환상적인 독설은 커피가 남성다움의 본질을 좀먹어, 근면하고 건장한 남자를 유약하고 수다스러운 프랑스 게으름뱅이로 전락시킨다고 주장했다. 이 팸플릿은 다음과 같은 문장으로 시작된다. "커피하우스에서는 남자들이 여자들보다 훨씬 수다스러워진다. 서로 이런저런 이야기를 혼란스럽게 늘어놓으며, 주제도 오락가락한다." 아래와 같은 구절에서 여성들의 분노가 절정에 다다른 듯하다.

> 최근 유행하는 이 형편없는 이교도의 음료, 커피의 과다한 음용이 … 우리 남편들을 거세시켰고, 친절하고 멋진 우리의 신사들을 불구로 만들었다. 이로 인해 남자들은 노인처럼 무기력해졌고, 이 불행의 열매를 들여온 사막처럼 불모의 상태에 빠졌다.

이 글에 대한 보복은 재빠르고 신랄했다. 『커피에 반대하는 여성들의 탄원서에 대한 남성들의 답변』이 같은 해에 발간되었다. 이 저속한 반박문에 따르면 남자들을 성적으로 무기력하게 만드는 것은 커피가 아니라 불순물 섞인 저급한 와인과 탁한 에일이었다. 반면 커피는 사실상 요즘의 비아그라 같은 것이었다. 커피는 "발기를 더 박력 있게, 사정을 더 많이 할 수 있게 해 준다. 커피는 또한 정자에 대한 정신적 지배력을 높여 주며, 남성의 성기를 더 단단하게 만들어 자궁의 취향에 적합하게 해 준다." 그래서 커피는 "여성들"의 지칠 줄 모르는 성적 욕구를 충족시켜 줄 수 있다는 것이다.

이후 여성들의 탄원서는 더 이상 나오지 않았다. 하지만 1675년 찰스 2세가 왕실 칙령을 발표하며 커피하우스를 공격하자, 커피하우스는 진짜 위험에 처하게 되었다. 찰스 2세는 다음과 같이 선언했다. "악의적으로 왜곡된, 말도 안 되는 이야기들이 커피하우스에서 생산·유포되어 짐朕의 통치를 중상비방中傷誹謗하고, 왕국의 평화와 안정을 방해한다." 전통적으로 전문적인 정치 토론은 사회 엘리트의 전유물이었다. 그러나 커피하우스에서는 커피 사 마실 돈 몇 푼만 있으면 누구나 토론에 참여할 수 있었다. 물론 가난한 사람이나 최저임금으로 근근이 살아가는 사람이라면 커피하우스에 출입할 수 없었을 것이다. 하지만 1700년을 기준으로 볼 때 중산층이라 부를 만큼 경제적 여유가 있는 남성들(28만 7천5백 명은 족히 되었던 당시 런던 남성 인구의 35~40퍼센트 정도)에게 커피하우스는 결코 비싼 곳이 아니었다. 경제적으로는 훨씬 하층에 속하지만, 낭비벽 있는 사람들도 쉽게 드나들던 곳이 바로 커피하우스였다.

물론 26년 전 선왕先王의 참수를 잊지 못하는 왕이라면, 국정을 비판하기 위해 군중이 떼 지어 몰려다닌다는 생각만으로도 공포에 휩싸였을 것이다. 커피하우스가 반정부 선동의 온상 내지는 자신의 통치를 허공으로 날려 버릴 화약고처럼 느껴지지 않았을까? 그러나 1675년 출간된 팸플릿 『커피하우스는 죄가 없다』의 집필자는 생각이 달랐다. 그는 커피하우스가 "건강·금주·검소·예의를 가르치는 곳이며, 특히 창의력을 길러 주는 자유학교"이지, 음침하고 수상쩍은 곳은 절대 아니라고 주장했다. 이런 주장은 온 런던에 들끓던, 그중에서도 특히 커피하우스에서 가장 강력하게 표명되었던 커피하우스 폐쇄 반대 여론의 일부였다. 이런 여론의 압박을 받은 찰스 2세는 커피하우스가 이미 대도시 삶의 고유한 특징 중 하나가 되어 버렸음을 인정할 수밖에 없었다.

18세기가 시작될 무렵 런던에는 1,000~3,000개 정도의 커피하우스가 성업 중이었다. 1734년에 실시된 공식 조사에 따르면 런던의 커피하우스 수는 551개였다. 그러나 이는 수많은 무허가 커피하우스를 제외한 것이다. 16세기경 커피가 콘스탄티노플에 처음 소개된 이래 이만한 커피하우스 붐은 세계 그 어디에서도 유래가 없는 것이었다. 그리고 많은 전문가들이 즐겨 지적하였듯, 런던의 커피하우스들은 각기 고유한 개성을 가지고 있었다.

각양각색의 커피하우스

A Kaleidoscope of Coffeehouses

오늘날 스타벅스나 코스타Costa 같은 커피숍에서는 기억에 남을 만큼 특별한 경험을 할 가능성이 별로 없다. 홀번Holborn에 있는 스타벅스는 하이게이트Highgate에 있는 스타벅스와 별 차이가 없다. 채링 크로스Charing Cross에 있는 코스타와 콘힐의 코스타 역시 무엇이 그리 다르겠는가? 드나드는 사람이야 다르겠지만, 그렇다고 그들이 서로 대화를 나누는 것은 아니다. 하지만 1720년대에 여행차 런던을 방문한 세자르 드 소쉬르César de Saussure는 깜짝 놀라 이렇게 썼다. "어떤 커피하우스들은 박식한 학자들과 재치 넘치는 사람들의 아지트였고, 또 어떤 커피하우스들은 댄디나 정치가 혹은 언론인들의 아지트였다. 비너스의 신전 같은 곳도 꽤 있었다." 이를 통해 당시 런던에는 어떤 취향의 손님이라도 만족시킬 수 있을 정도로 개성 있는 커피하우스가 많았음을 짐작할 수 있다.

1710년 첼시Chelsea에 있는 어느 강변 커피하우스를 방문했던 독일 귀족 자카리아스 폰 우펜바흐Zacharias von Uffenbach는 다음과 같은 기록을 남겼다. "악어나 거북이 같은 진귀하고 이국적인 동물들이 인도와 다른 여러 나라의 낯선 의상이나 무기들과 함께 벽 주변에 세워져 있거나, 천장에 매달려 있었다." 그가 방문했던 곳은 돈 살테로 커피하우스Don Saltero's Coffeehouse였는데, 당시 이곳은 온갖 진귀한 것들이 보관·전시·교체되는 거대한 진열장 같은 곳이었다. 자연에 대해 호기심이 많았고, 특히 자연의 새로운 종種들을 누구보다도 먼저 확인하고 싶었던 신사 과학자들이 이곳을 자주 찾았다.

한스 슬론 경Sir Hans Sloane이나 아이작 뉴턴Isaac Newton 같은 첼시의 부유한 신사 과학자들은 이 돈 살테로 커피하우스에서 커피를 마시며 과학계의 난제들을 즐겨 토론했다. 이 커피하우스는 가게에 진열 중이던 온갖 진귀한 수집품들을 목록화하여 매년 『진귀품 카탈로그』*Catalogue of Rarities*를 발간했는데, 이 카탈로그가 나오기를 학수고대하는 손님이 적지 않았다고 한다. 그저 가볍게 웃어 보자는 의도였거나, 아니면 믿을 수 없을 정도로 잘 속아 넘어갔던 18세기 일부 런던 시민들을 겨냥한 것 아니었을까? 만일 당신이 1729년에 이 커피하우스를 방문했더라면, 절대 꺼지지 않는 교황님의 양초, 속에 더 작은 컵이 47개나 들어 있는 컵[6], 방울뱀의 등뼈, 길이가 7.5피트나 되는 바다 유니콘의 뿔, 시바 여왕Queen of Sheba의 부채, 플리머스Plymouth 부근에서 발견된 생선뼈로 만든 특이한 공, 그리고 마지막으로 본디오 빌라도Pontius Pilate의 부인의 시녀였던 사람의 여동생의 여동생이 썼던 모자 같은 것들을 볼 수 있었을 것이다. 그렇다면 이곳을 방문했던 독일 귀족 자카리아스 폰 우펜바흐는 이 물건들에 대해 어떻게 생각하고 있었을까? "정말 진귀한 물건들이 담배 연기에 손상되는 듯하여 심히 유감스러웠다."라는 기록이 그의 입장을 말해준다.

한편 몰 앤드 톰 킹 커피하우스Moll and Tom King's Coffeehouse처럼 쾌락주의자들을 위한 곳도 있었다. 코벤트 가든에 위치한 이 커피하우스는 윤락을 겸하고 있었다. 또 좀 더 학구적인 분위기를 원하는 사람들에게는 라틴 커피하우스Latin Coffeehouse가 있었다. 적어도 1704년에서 1710년 사이에는 말이다. 물론 클럭컨웰 그린Clerkenwell Green에 있던 이 커피하우스의 고상한 시도는 실패할 수밖에 없었다. 주인 존 호가스John Hogarth가 손님들에게 라틴어를 쓰도록 강권했기 때문이다. 그는 1704년 잡지 『포스트맨』*Post Man*에 "라틴어를 유창하게 쓰는 교양 있는 신사분들이 매일 오후 4시 이곳에서 만납니다."라는 광고를 낼 정도였다. 그는 또 문법이라면 사족을 못 썼다. 손님들이 가정법이나 동명사 혹은 수동태 같은 것을 틀리면 그는 일말의 망설임도 없이 곧바로 지적하곤 했다.

세인트 폴 대성당St. Paul's Cathedral 지근至近에는 챕터 커피하우스Chapter Coffeehouse가 있었다. 이곳은 서적상에게 원고를 팔기 위해 자신의 최근 구상을 떠벌리는 작가들, 지난 몇 년치 신문을 모아놓은 신문철을 훑어보는 손님들, 담임목사의 설교를 대필代筆하느라 여념이 없는 수척한 부목사들이 즐겨 찾던 곳이었다. 반면 세인트 마틴즈 레인St. Martin's Lane에 위치한 슬로터 커피하우스Slaughter's Coffeehouse는 그림을 전시·논평·매매하던 곳이었다. 이곳에서는 또한 체스를 두는 귀족들을 지켜보던 확률 분야 전문가들이나, 만약 18세기 중반이었다면 다음 판화 작품에 대한 영감을 얻기 위해 창문 너머를 응시하고 있는 윌리엄 호가스William Hogarth를 볼 수도 있었을 것이다. 이곳이야말로 런던 예술계의 중심이었다. 데버루 코트Deveruex Court에 있던 그레시안 커피하우스Grecian Coffeehouse는 자연과학자들이 과학실험을 하고, 그리스·로마 전공자들이 호머Homer와 베르길리우스Virgil를 논하던 곳이었다.

심지어는 감옥에도 커피하우스가 있었고, 커피하우스에도 감옥이 있었다. 트럼펫 연주자 존 그라노John Grano는 1720년대에 마셜시Marshalsea 채무자 감옥[7]에서 힘겨운 수감생활을 하고 있었는데, 감옥 내 커피하우스는 그를 바깥세상과 이어 주는 중요한 통로였다. 커피하우스 덕분에 그는 인생의 암흑기를 온전히 견뎌 낼 수 있었고, 바깥세상이 어떻게 돌아가는지도 알 수 있었다. 플리트 감옥Fleet Prison 같은 곳에서도 감방 두 개가 커피하우스로 이용되었다고 한다. 한편 금방이라도 허물어질 것 같은 성벽이 가로지르고 있는 러드게이트Ludgate에는 감옥 역할을 하던 런던 커피하우스London Coffeehouse가 있었다. 런던 중앙형사법원은 배심원들의 의견이 엇갈려 판결을 내릴 수 없을 때면 배심원 전원을 이 커피하우스에 가두었다고 한다. 배심원들은 만장일치의 평결에 도달할 때까지 이곳에서 나갈 수 없었으며, 식사 대신 커피만 계속 제공받았다.[8] 몽테스키외Montesquieu였다면 세상에서 가장 훌륭한 사법 시스템이라고 찬양했을 제도의 현현顯現이었다.

강 위에도 커피하우스가 있었다. 1716년 젊은 법학도이자 일기작가였던 더들리 라이더Dudley Ryder는 이렇게 회상하고 있다. "꽁꽁 언 템스 강을 보러 갔다. 격렬한 폭풍이 일어 파도가 서로 거칠게 밀치고 때리는 바로 그 순간 강물이 얼어붙은 듯했다." 스케이트를 타는 사람들, 작은 칸막이들, 그네들 사이로 그가 본 것은 "와인이나 에일, 기타 여러 물건들을 파는 가게나 커피하우스로 사용된 수많은 텐트"였다. 사업 눈 밝은 인쇄업자들은 종종 얼어붙은 강바닥 위에 인쇄기를 설치해 두고 사람들에게 팔 기념품을 인쇄했다. 인쇄의 영속성이 얼음의 일시성과 대결이라도 벌이는 듯한 풍경이었다. 1740년 이곳에 들렀던 윌리엄 호가스도 애완견 트럼프Trump를 위해 인쇄된 기념품 한 장을 구입한 바 있다.

커피 애호가들은 얼음이 녹아도 굳이 템스 강을 떠날 필요가 없었다. 선상 커피하우스가 서머셋 하우스Somerset House 바깥쪽에 계류繫留되어 있었기 때문이다. '템스 강 위의 대저택'이라고도 불렸던 이 커피하우스는 달밤의 명상을 위한 장소가 되기도 했고, 댄디나 한량들의 심야 무도회장이 되기도 했다. 매력적인 신사들이 왈츠나 혼파이프 댄스를 출 때, 빗물 젖은 갑판 위에서 걸쭉한 커피 한 잔 손에 들고 사색에 잠기는 당신의 모습을 그려

볼 수 있겠는가?

이처럼 다채로우면서도 활기 넘치는 커피 문화는 런던만의 고유한 특징이었다. 커피는 17세기에 이미 유럽 각국에 소개되었다. 그러나 유럽 대륙의 커피하우스들은 우선 수적으로 훨씬 더 적었고, 개성도 약해 보다 정형화된 편이었다. 그리고 무엇보다도 런던의 커피하우스만큼 다양한 사회 계층을 대상으로 하지 않았다. 예를 들어 보자. 한 아르메니아 상인이 비엔나Vienna 최초의 커피하우스를 연 것은 1685년이었다. 하지만 개업 후 20년간 커피를 독점 판매할 권리가 그에게 보장되어 있었기에, 1729년이 되어서도 비엔나에는 커피하우스가 11개뿐이었다. 이는 런던과 비교하면 아주 미미한 수준이다. 1680년대에는 베니스의 세인트 마크 광장St. Mark's Square에 일군一群의 커피하우스들이 생겨났다. 하지만 한 번에 다섯 명 이상의 손님을 받지 못하도록 하는 법 때문에 이곳에서는 대중의 공론公論을 키워 갈 수가 없었다. 파리에 카페가 상륙한 것은 1670년대의 일이다. 그러나 주로 귀족 손님들만 받았기에 바다 건너에 있는 그들의 사촌들보다 훨씬 배타적이었다. 당시 파리의 카페들은 오늘날 피카딜리Picadilly에 늘어선 그랜드 카페 분위기에 더 가까웠다. 상업이 고도로 발달한 프로테스탄트의 도시이자, 여러 면에서 런던의 복사판이었던 암스테르담에서도 1700년경에는 커피하우스가 32개뿐이었다. 이는 콘힐과 치프사이드Cheapside에서 성업 중이던 커피하우스보다도 적은 것이었다.

커피하우스 내부로의 여행

Journey into a Coffeehouse

런던의 커피하우스들은 저마다 개성을 지니고 있었다. 그렇지만 한결같이 하나의 공식, 즉 "손님들 간의 상호작용을 극대화하고, 창의적이고 유쾌한 환경을 조성한다."는 공식을 따랐다. 지금까지 전해 오는 인쇄물, 판화 그리고 목격자들의 기록 덕분에 우리도 묵은 오크향 나는 런던 커피하우스의 공기를 마셔 볼 수 있다.

이제 1710년경으로 가서, 시티 커피하우스City Coffeehouse 앞에 서 보자. 금박 입힌 나무 간판에서 떨어진 빗물이 당신의 목을 타고 흘러내린다. 간판에는 파란 하늘에 커피 주전자와 잔이 둥둥 떠 있는 그림이 그려져 있는 경우도 있었지만, 사이키델릭한 터번을 쓴 무시무시한 터키인이 그려져 있는 경우가 더 많았다. 주인들이 간판 그림용으로 가장 선호했던 인물은 1623년에서 1640년까지 오스만제국을 통치하며 악정惡政을 일삼았던 "위대한 무라드Murat Ye Great", 즉 무라드 4세였다. 가학피학성애자이자 알코올 중독자였던 그가 커피의 음용 및 판매를 금지시킨 것은 1633년이었다. 이후 그는 평민으로 변복變服한 채 자신이 금지시킨 음료를 마시는 사람을 찾아 콘스탄티노플 거리를 뒤지고 다녔다. 그러다 몰래 커피를 마시는 사람을 찾아내면, 뒤로 살금살금 다가가 목을 베어 버렸다고 한다.

이제 거친 밧줄 난간이 있는 계단을 올라가 보자. (커피하우스는 대개 2층에 있었다.) 난간을 더듬어 오르다 보면 절망에 빠져 가발을 움켜쥐고 있거나, 벽에 머리를 쾅쾅 찧고 있는 사람들과 마주칠지도 모르겠다. 이런 사람들은 프랑스인들이 말하는 l'esprit d'escalier의 희생자, 즉 완벽한 응수가 뒤늦게 떠오른 사람들이다. 커피하우스에서는 재치가 있어야 할 뿐만 아니라, 말솜씨도 좋아야 했다. 삐걱거리는 출입문을 열고 담배 연기, 김, 땀 냄새 가득한 실내에 들어서면 "무슨 새로운 소식 없소?" 혹은 좀 더 정중하게 "선생, 트리폴리에서 무슨 새로운 소식 없었습니까?" 또는 라틴 커피하우스라면 "Quid Novi!"와 같은 질문공세가 쏟아질 것이다.

이제 실내를 둘러보자. 잘 차려입은 데다 가발까지 쓴 남자들이 긴 나무 테이블 주변에 앉아 있을 것이다. 가장자리를 따라 긴 테이블 서너 개를 U자 형으로 배열해 놓은 경우가 많았지만, 치프사이드에 있던 노스 커피하우스North's Coffeehouse처럼 테이블이 아홉 개나 되는 곳도 있었다. 수용 인원이 40~50명인 경우가 대부분이었으나, 노스 커피하우스처럼 90명까지 수용할 수 있는 곳도 있었다. 촛불 깜박이는 실내에는 소년들이 커피를 나르고 있고, 강아지들이 그들 주변을 깡충대고 있다. 주전자들 쌕쌕거리는 소리, 커피 보글거리는 소리와 함께 나무 기둥 삐걱이는 소리, 앵무새 우는 소리도 들린다. 활기 넘치는 이곳에서 손님들은 신문을 소리 내 읽거나, 철학을 논하거나, 카드를 치거나, 장광설을 늘어놓거나, 판화 작품을 살피거나, 편지를 쓰거나, 고양이와 놀거나, 복화술을 하거나, 커피를 홀짝이고 있다.

거칠고 더러운 테이블 위에는 신문지, 광고지, 각종 인쇄물들이 널려 있다. 현대인들에게는 낯설게 보이는 대문자 가득한 논쟁 팸플릿이나 장식체로 필사된 소식지, 기보記譜되어 있는 통속 발라드들도 보인다. 그 뒤편에는 이 가게의 엔진이라 할 만한 커다란 커피솥이 석탄불 위에서 부글거리고 있다. 바로 이 커피솥 안에서 커피가루가 물과 함께 끓고 있는 것이다. 또 녹슨 문 앞에는 다양한 크기의 터키식 커피 포트가 놓여 있고, 측면 카운터에서는 주인이 편안하게 커피를 따르고 있다. 당시의 인쇄물들을 보면 가슴 풍만하고 혈색 좋은 여성이 주인으로 묘사되어 있지만, 실제로는 대부분 남성이었다.

커피하우스 내부는 튼튼해 보이는 나무로 심플하게 장식되어 있었다. 오늘날의 폴PAUL 매장이나 영국식 찻집처럼 아기자기하지도 않았고, 18세기 파리의 웅장한 카페들처럼 대리석 테이블이나 화려한 장식거울이나 금빛 촛대를 자랑하지도 않았다. 사람들은 호사를 누리기 위해서가 아니라, 활기를 얻기 위해 커피하우스를 찾았다. 1762년에 제임스 보즈웰James Boswell이 써 놓은 것처럼 그곳은 "어둑어둑하지만 편안하고 따뜻했다." 쿠션이나 식탁보도 없었고, 벽에 멋진 그림이 걸려 있는 경우도 드물었다. 바닥은 얇게 대패질[9]되어 있었지만 평평하지는 않았고, 가래나 침을 뱉는 그릇들이 적당한 곳에 놓여 있었다. 세자르 드 소쉬르 역시 "사실 커피하우스는 아주 깨끗하거나 세간이 잘 갖추어져 있는 곳은 아니었다. 손님들이 매우 많았고, 또 아무리 좋은 가구라도 담배 연기에는 버텨 낼 재간이 없었기 때문이다."라고 쓰고 있다. 커피하우스 실내에는 대부분 촛불을 켜 놓았다. 유리창에 검댕이 말라붙어 햇빛이 거의 들지 않았기 때문이다. 징두리널[10]을 댄 벽에는 거미줄, 왕실 칙령, 주식 관련 정보, 만병통치약(주로 카운터 뒤에서 몰래 판매하였다), 그리고 커피하우스를 우편 주소지로 쓰는 단골손님들의 개인 우편물들이 가득했다.

태번 주인이었던 네드 워드Ned Ward는 자신의 대표작 『런던 스파이』(1701)에서 커피하우스 내부를 아주 감각적으로 묘사하고 있다. 이 작품에서 워드는 고고한 학자로서의 삶과 런던 거리에서의 실생활을 맞바꾼 좌절한 교수를 등장시킨다. 작품의 한 구절을 살펴보자. "친구가 말한다. '자, 여기 들어가 보자. 너는 여기가 처음이니까 기분전환이 될 거야.'" 이어지는 워드의 말은 이렇다. "안으로 들어가자 한 무리의 사람들이 마치 치즈 가득한 다락방에 든 쥐들처럼 분주했다. 이리저리 오가는 사람들, 뭔가를 휘갈겨 쓰는 사람들, 이야기하는 사람들, 뭔가를 마시는 사람들, 뭔가를 딸그랑거리는 사람들. 실내에는 마치 갑판장의 방처럼 고약한 담배 냄새 가득했다." 『런던 스파이』에 등장하는 커피하우스들은 곧 썩어 문드러질 듯하고 악취가 진동하는 공간이었으며, 정중한 분위기의 휴식처라는 광고와는 너무나도 거리가 멀었다. 그곳은 사람들이 실없는 농담이나 주고받는 곳, 겉멋만 든 남자들이 가발에까지 향수를 뿌려 대는 곳, "경박한 애들"이 위층에서 벌이는 섹스 놀이에 가구가 덜컹거리고 접시가 날아다니는 곳일 뿐이었다.

일단 커피하우스에 들어가 기다란 나무 테이블 앞에 다다른 손님이라면, 뉴스든 소문이든 간에 뭔가 한 가지는 말해야 했다. 어디서 들었던 것이든, 전에 신문에서 읽었던 것이든, 거리에서 목격한 것이든, 혹은 즉석에서 지어낸 것이든 아무 상관이 없었다. 「커피하우스의 내부」라는 인쇄물에 그려져 있는 커피하우스 벽면 팸플릿 중 하나를 자세히 들여다보면, "이곳에는 거짓말이 넘친다오."라는 문구를 발견할 수 있을 것이다. 뉴스든 거짓소문이든 간에 일단 뭔가를 말하고 나면, 모자를 벗고 칼을 내려놓는 동안 사람들이 몰려들 것이다. 그리고 자리에 앉을 때쯤이면 몰려든 사람들의 손수건에서 나는 희미한 사향 냄새를 맡을 수도 있을 것이다. 이 일까지 마무리되었다면 이제 담배와 파이프, 마시고 싶은 음료를 큰 소리로 주문하면 된다.

커피하우스에서 커피 외에 다른 음료를 팔 때도 있었다. 원산지가 남미이고 커피보다 훨씬 더 쓴 맛이 나는 초콜릿 음료가 런던에서 처음 시판市販된 것은 1657년이었다. 또 중국산 차는 1667년 개러웨이 커피하우스Garraway's Coffeehouse에서 최초로 판매되었다. 오늘날과는 달리, 당시에는 커피하우스에서 술을 마실 수도 있었다. 1690년대에는 커피하우스 중 절반 이상이 주류 판매 면허를 가지고 있었다. 물론 커피하우스에서 인사불성이 될 때까지 술을 마시는 법은 없었다. 그럴 요량이라면 에일하우스alehouse에 가야 했다. 포도주와 초콜릿 음료 중 하나를 선택하지 못한 사람들에게는 초콜릿 와인이라는 다소 어정쩡한 타협안도 있었다.

일단 음료가 나오면, 새로운 대화거리를 꺼내기보다는 한창 진행 중인 대화에 녹아들어야 한다.「커피하우스의 내부」라는 그림(42쪽 참조)에서 오른쪽 네 번째 인물이 이렇게 하고 있는 것 같다. 이러한 행동은 거슬리거나 부적절하거나 무례한 것이 아니라, 오히려 그 반대였다. 낯선 이의 말에 귀 기울이는 것, 그리고 낯선 이에게 말을 거는 것은 커피하우스의 설립 원칙과도 같은 것이었으나, 오늘날 우리에게는 매우 생소하고 비영국적인 것처럼 느껴진다. 더들리 라이더는 1716년 2월 24일자 일기에 이렇게 쓰고 있다. “6시에 그레시안 커피하우스에 갔다. 그곳에는 분별력 있는 신사들이 정말 많았다. 그들 사이로 조심스럽게 들어가 앉은 다음, 그들의 이야기를 경청했다. 그리고 오늘 있었던 귀족들의 처형에 대해 조금 이야기했다.” 또 존 커피하우스John's Coffeehouse를 다녀온 후인 7월 12일자 일기에는 “우리가 종교에 대해 이야기하는 것을 듣고 있던 신사 한 분이 우리 쪽으로 와 함께 어울렸다. 그는 일면식一面識도 없는 사람이었다.”라고 썼다.

유쾌함 넘치는 커피하우스의 분위기는 당대의 인쇄물과 그림에도 잘 표현되어 있다. 아래의 그림을 한번 보자.

「커피하우스의 내부」(18세기 초반)

벽난로 안쪽에서 보글거리는 커피솥, 테이블 위에 깜박이는 촛불, 어스름한 내부 풍경, 커피 마시는 사람들의 상냥한 눈빛, 이 모든 것에서 따뜻함과 환대의 느낌이 물씬 풍기지 않는가? 왜 수천 명의 런던 시민들이 매일같이 커피하우스로 몰려들었는지, 1763년 제임스 보즈웰은 자신이 가장 좋아했던 차일드 커피하우스 Child's Coffeehouse에서 어떤 연유로 '잔잔한 행복감'을 맛보게 되었는지 이해할 수 있지 않을까? 예전의 커피하우스는 화기애애함과 유쾌함 그 자체였으며, 다음 그림과는 분명 대척점對蹠點에 있다.

세인트 마이클스 교회 맞은편 스타벅스 매장 그림(파스쿠아의 커피하우스가 있던 곳 근처)

스타벅스를 찾은 손님들은 자신만의 생각에 사로잡힌 채 혼자 앉아 있다. 노트북 앞에 웅크린 채 SNS 삼매경에 빠져 있거나, 창 너머로 가랑비 내리는 거리를 처량하게 바라볼 뿐이다. 마치 세상에서 격리라도 된 듯하다. 또 낯선 이들과의 대화는 주로 가상공간에서 이루어진다. 이 두 그림을 다시 한번 보자. 첫 번째 그림이 마음을 따뜻하게 한다면, 두 번째 그림은 영혼을 오싹하게 만들지 않는가? 하워드 슐츠는 "스타벅스 매장에 인간적인 접촉과 연대의식이 자리하고 있다."고 선전하지만, 스타벅스와 17~18세기 런던의 커피하우스는 너무도 다르다. 스타벅스 내부 분위기는 — 혹은 분위기 그 자체의 결핍은—에드워드 호퍼Edward Hopper의 작품 「나이트호크스」Nighthawks에 묘사된 애처로운 카페에 훨씬 더 가깝다. 이 작품 속 카페에서는 활기나 따스함 같은 것을 찾아볼 수가 없다. 너무나도 황량한 나머지 결코 잊히지 않을 도시의 권태감만 있을 뿐이다. 수많은 현대의 커피숍들은 침묵과 익명성이 만들어낸 이 절망의 공간을 복제해 놓은 것일 뿐이다.

변해 버린 세상

Worlds Apart

무엇이 18세기 런던 시민들을 커피하우스로 불러들여 서로 대화하게 만들었을까? 그리고 21세기에는 왜 이런 풍경이 사라져 버린 것일까?

우선 인구 문제를 생각해 볼 수 있겠다. 18세기 초반 런던에는 현재 인구(780만 명)의 14분의 1에 육박하는 57만 5천 명 정도가 살고 있었다. 당시의 기준에서 보면 런던은 이미 엄청난 대도시였다. 그러나 당시 런던은 낯선 이들을 환대하는 따뜻한 사람들이 모여 사는 마을들의 집합체였고, 그래서 우리가 앞서 살펴본 커피하우스 문화가 가능했다는 것이 그간의 중론이다. 하지만 18세기의 일기 기록들을 들춰 보면 이러한 이론은 곧바로 무너지게 된다. "거대한 휴양지 같은 이곳에서 길을 잃고, 나는 사람들 사이로 더 많은 사람들을 보고 있을 뿐이다. 온 런던이 황무지 같았다." 맨체스터 출신의 존 바이럼John Byrom이 쓴 글이다. 시인이자 사업가였던 그는 혁신적인 속기 시스템을 프로모션하기 위해 1720년대에 런던으로 이주했고, 1725년에는 챕터 커피하우스에 모인 군중들의 함성 속에서 촛불 속기대회를 개최한 바 있다. 그는 이 행사를 통해 자신에게 부와 명예를 안겨 줄 독점권을 확보하려 했으나, 결국 뜻대로 되지는 않았다. 우리에게 그는 "트위들덤과 트위들디Tweedledum and Tweedledee"[11]라는 조어造語로 기억될 뿐이다. 아무튼 바이럼의 글을 보면 1720년대의 런던이 우호적인 곳이었다는 느낌은 전혀 들지 않는다. 제임스 보즈웰도 마찬가지였다. 그에게 18세기의 플리트 스트리트는 의미 없는 자극만 계속되는 곳이었다. "소음, 군중, 상점과 간판들의 환한 불빛 … 이런 것들이 나를 혼란스럽게 만들었다."라는 그의 글이 이를 뒷받침한다.

보즈웰이 위와 같은 글을 썼던 1762년 당시 런던에는 67만 5천 명 정도가 살고 있었다. 이는 물론 원原도심에 살던 10만 명(오늘날 이곳의 인구는 1만 1천 명 정도로 줄었고, 위치도 주로 바비칸 타워로 국한되었다)을 포함한 것이다. 이 또한 현재와 비교해 보면 아주 미미한 수준이다. 현 런던 주간이동인구[12]의 15분의 1 수준에 불과하기 때문이다. 하지만 당시 영국 인구의 75퍼센트가 인구 500명 미만의 소규모 촌락에 흩어져 살고 있었다는 점, 또 당시 영국에서 두 번째로 큰 도시였던 노리치Norwich 시의 인구가 3만 3천여 명에 불과했다는 점을 고려하면, 18세기의 런던은 이미 사람의 정신을 쏙 빼놓을 정도로 큰 괴물 도시였다. 자신의 거주지나 직장 인근을 벗어나기 어려웠던 가난한 런던 노동자들은 앞서 언급한 그런 "마을"을 이루고 살았을지도 모르겠다. 하지만 대부분의 커피하우스들은 군중 속을 누비고 다닐 부와 기회를 가진 중산층 이상을 겨냥하고 있었다.

사실 런던 시민들이 각자의 사회적 환경이나 정치적 성향에 부합하는 커피하우스를 찾아 의지한 것은 곧 세계에서 가장 큰 도시가 될 런던이 야기한 사회적 혼란과 외로움 그리고 무미건조함으로부터 스스로를 지켜 내기 위해서였다. 대도시 전역을 아우르는 커피하우스 네트워크를 구축함으로써 그들은 급팽창하는 도시 내부에 작은 유토피아를 만들어 냈다. 그리고 현대의 커피숍 체인들이 연상시키는 권태로움으로부터 스스로를 보호할 수 있었다. 당시 런던 사람들은 커피하우스를 고르는 데 아주 신중했다. 당대의 기록을 살펴보면, 중산층 남자의 경우 통상 선호하는 커피하우스가 몇 군데는 되었는데, "단골"로 다니는 핵심 커피하우스 한두 곳과 "가끔씩" 들르는 커피하우스로 대별할 수 있었다. 1725년 일기에서 존 바이럼은 비·교통체증·거지들을 뚫고, 강제 징집대를 피해 가며 6개월 동안 29곳의 커피하우스를 195번이나 방문했다고 기록하고 있다. 당신이라면 지금 서로 다른 29개의 커피하우스를 떠올릴 수 있겠는가?

일단 커피하우스에 들어서면, 뉴스에 대한 이야기로 서먹한 분위기를 해소할 수 있었다. 더들리 라이더는 1715년 해크니 커피하우스Hackney Coffeehouse에 들어갔을 때를 이렇게 회상하고 있다. "신경도 좀 쓰이고 두려운 생각도 들었지만, 도슨 씨Mr. Dawson가 아주 친근하게 … 새로운 뉴스가 없는지 내게 물어 주었다. 이 말에 나는 바로 안정을 되찾았고 마음도 아주 편해졌다." 당시 런던에는 온갖 뉴스가 넘쳐 났다. 또 커피하우스 붐이 일었을 당시 런던은 호기심과 들뜬 기운으로 가득 차 있었다. 초콜릿, 파인애플, 아편, 펠리컨 같은 새롭고 이국적인 것들이 매년 외국에서 수입되었다. (펠리컨은 1731년부터 소드블레이드 커피하우스Sword Blade Coffeehouse에서 사육되었는데, "영국에서 한동안 굉장히 진귀한 동물로 대접받았고 크기도 엄청나게 컸다.") 코끼리나 코뿔소 같은 짐승에 대해서는 두말할 필요도 없겠다. 그것들은 러드게이트 인Ludgate Inn 마당에서 사육되고 있어 15파운드만 내면 직접 타 볼 수도 있었으니까.

게다가 주식 시장의 발흥, 극심한 정쟁政爭, 1688년 이후 정례화定例化된 총선거, 그리고 1690년대 이후 계속된 프랑스와의 기나긴 전쟁이 국내외 뉴스에 대한 갈증을 더욱 부추겼다. 1695년 가혹했던 영국 검열법[13]이 때마침 폐지되자, 플리트 스트리트에는 신문이 넘쳐 났다. 1712년경에는 12종의 신문이 발행되었는데, 이 신문들의 주당 총판매부수는 6만 6천 부에 달했다. (커피하우스나 다른 공공장소에서 신문 한 부를 적어도 스무 명이 돌려 읽었을 것이라는 게 정설이라면, 매주 132만 명이 신문을 읽었다는 말이 된다.) 영국, 특히 런던에서는 신분과 지위의 고하를 막론하고 모두 뉴스에 중독되어 있다고 외국인들은 입을 모았다. 런던은 "무슨 새로운 소식 없소?"라는 이 신성한 네 단어만 외치면 누구와도 대화를 시작할 수 있는 곳이었다.

하지만 사람들이 대화를 갈구한 것은 뉴스에 대한 굶주림 때문만이 아니었다. 당시 사람들은 대화가 자기개발과 사회 발전의 핵심임을 이미 인지하고 있었다. 대화를 통해 공손함을 함양하는 것이 중요하다는 신념을 갖고 있던 섀프츠베리 경Lord Shaftesbury은 "도시"는 영혼을 부패시키지만, "시골"은 영혼을 정화한다는 고정관념을 혁파하기 위해 애썼다. 런던에서는 1666년 이후 흑사병이 사라졌고, 녹음綠陰 짙던 웨스트엔드West End가 개발되어 사회 엘리트를 수용하고 있는 만큼 고립된 시골에서의 관조적인 삶은 그만 잊으라고 그는 주장했다. 도시를 타락과 부패의 온상으로 생각해서는 안 된다는 것이다. 사람들은 도시에서 자신의 거칠고 비사교적인 부분을 다듬을 수 있고, 교양과 품위를 갖춘 타인들과의 "우호적 충돌"을 통해 교양·미덕·위트를 쌓을 수 있다는 것이다. 그것은 마치 "두 개의 대리석 덩어리가 마찰을 일으켜" "거칠고 모난 행동"은 줄고 "예의는 다듬어지는 것"과 같은 이치였다. 이러한 우호적인 충돌 덕분에 시민들은 세련되고, 궁극적으로는 공손해진다. '공손한'이란 단어는 '매끄럽게 만들다'라는 뜻을 지닌 라틴어 단어 "폴리투스politus"에서 유래한 것이다.

사실 공손함은 1688년 이후 의회 회기 동안 런던에 거주해야 했던 사회 엘리트층에게 필요한 자질이었다. 하지만 이러한 이상理想은 주로 위트 넘치는 잡지 『태틀러』와 『스펙테이터』*Spectator*를 통해 야심찬 중산계층으로 스며들었다. 이 잡지들은 교양 있고 품위 있어 보이려면 어떻게 행동하고 말해야 하는지, 어떤 것을 좋아해야 하고, 또 무엇을 구입해야 하는지를 독자들에게 알려 주었다. 하지만 잡지나 다른 어떤 것보다 더 큰 역할을 했던 것은 역시 커피하우스였다. 당시 커피하우스들은 사회적 상호작용과 경쟁의 가능성을 부단히 제공하며 "예절의 아카데미"라는 찬사를 받고 있었다. 『태틀러』와 『스펙테이터』를 복음서처럼 여긴 더들리 라이더의 일기를 보면, 런던에 있던 열다섯 개의 커피하우스에서 "두각을 나타내는 것"이 그의 주요 목표였음을 알 수 있다. 그는 영리하고 교양 있는 사교계의 신사를 연기하며 자신의 진짜 성격은 숨겼다. 해크니Hackney 출신으로, 하찮은 포목상의 아들이었던 그는 극복 불가능해 보일 정도로 심각한 자기회의감, 수줍음, 질투심에 사로잡혀 있었다. 하지만 여러 커피하우스를 다니며 자신이 선망하게 된 사람들의 성격적 특성을 조합하여 "우월한" 인격을 만들어 냈고, 마침내 세상을 속일 수 있었다. 후일 그는 법조계 최고위직에 올랐다.

하지만 당시 사회 엘리트에게 요구되었던 이러한 행동양식들은 이제 별 의미가 없어졌다. 대영제국은 사라졌고, 각박한 도심생활은 전 세계적인 현상이 되었다. 신문 판매부수도 손쓰기 어려울 정도로 감소했다. 우리는 이제 뉴스를 얻기 위해 나다닐 필요가 없다. 텔레비전과 스마트폰으로 24시간 내내 쏟아지는 온갖 뉴스에 오히려 무감각해질 정도다. 우리는 지금 커뮤니케이션 혁명을 경험하고 있다. 의사소통 방식이나 정보 교환 방식은 지난 20년간 그 어느 때보다도 많이 바뀌었다. 15세기 독일의 구텐베

르크가 이동식 인쇄기를 발명한 이래 이처럼 많은 변화를 겪은 적이 없었다. 뉴스 검색, 의견 교환, 비즈니스 거래, 서신 교환, 인터넷상에서 정체성 만들기, 사상의 전파에 이르기까지 오늘날 우리가 온라인으로 처리하는 것들 중 상당수는 커피하우스에서 그 기원을 찾을 수 있다. 그러나 커피하우스는 사람들 간의 접촉이 기폭제가 되어 번창했다. 오늘날에는 인터넷이 원지遠地의 사람들을 서로 연결해 주고 있지만, 여기에는 커피하우스 고유의 특징인 대면접촉이 빠져 있다. 이런 이유로 인간 소외나 인터넷 남용의 문제가 초래될지도 모르겠다.

혹자는 인터넷이 예전에 커피하우스에서 진행되었던 대화 방식을 개악改惡한 것이 아니라, 오히려 민주화한 것이라고 이의를 제기할지도 모르겠다. 일견 타당한 듯 보이나, 동의하지는 않는다. 당대의 일기들을 보면, 커피하우스에서 오간 대화들은 그 스펙트럼이 매우 넓었음을 알 수 있다. "가장 편안하게 죽을 수 있는 참수형"에서부터 "남자는 하룻밤에 몇 번이나 여자에게 그 일을 하는지"에 이르기까지, 또 "엄청나게 맛있는 퀸 파인애플 Queen pineapple"에서부터 1715년 인신보호율Habeas Corpus 효력 중단 조치[14]의 법적 타당성에 이르기까지, 대화의 범위는 실로 다양했다. 하지만 대화의 주제가 아무리 바뀌어도 정중하면서도 공손한 어조, 이 한 가지는 변함이 없었다. 낯선 대화 상대자가 바로 자기 앞에 있기 때문에 가능한 일이었다. 보즈웰은 1763년 어느 날 일기에 이렇게 쓰고 있다. "코벤트 가든에 있는 톰 커피하우스

Tom's Coffeehouse에서 커피를 마시며 두 시간을 보냈다. 대화의 주제가 문학 쪽으로 넘어갔다. 엘베시우스Helvétius, 볼테르Voltaire, 루소Rousseau, 흄Hume에 대해 이야기를 나눴다. 제대로 잘 말한 것 같다. 오늘처럼 이성적인 대화를 나눈 게 언제쯤이었는지 모르겠다." 이어지는 문장에서 보즈웰은 그 이유를 정확히 집어내고 있다. "터무니없는 감정을 토로하거나, 무절제하게 웃지 않았던 것은 낯섦에서 비롯된 거리감 덕분이었다."

오늘날 인터넷에서 곪아 터지고 있는 적나라한 편협성, 독설에 찬 고함, 이유 없는 인신공격과는 얼마나 다른가! 화면 뒤로 몸을 숨기면 우리는 얼마든지 무례해질 수 있다. 현실세계에서라면 감히 꺼내지 못할 말도 키보드로는 스스럼없이 입력하지 않는가? 열린 마음으로 반대 주장을 숙고하는 것은 고사하고, 제대로 된 의견 교환조차 보기 어려운 것이 작금昨今의 현실이다. 이는 남에게 모욕감을 주려는 마음, 남보다 앞서 가려는 경쟁심리 그리고 자기 과장의 발로일 뿐이다. 물론 커피하우스에서의 토론도 그 수준이 형편없었을 수는 있다. 하지만 착각하고 있다고, 바보 같다고, 기만하고 있다고, 혹은 아무 이유 없이 그냥 잘못되었다고 말하면서 상대의 주장을 묵살하지는 못했을 것이다. 오히려 적극적으로 해결책을 찾아 합의를 이끌어 내려 하지 않았겠는가? 이는 상대방이 바로 앞에 있어 가능한 것이었다. 논쟁이나 의견충돌이 일어난 현장에서는 너그러움과 침착함을 바탕으로 인내하는 것이 보통이었다.

심판하거나 심판받거나

Judge and Be Judged

커피하우스에서 벌어진 논쟁은 언제나 배심원단의 평결로 끝이 났다. 커피하우스는 모든 것이 민주적으로 결정되는 일종의 극장이었다. 손님들은 자욱한 담배 연기 속에 커피를 마시며 그들 앞에 나온 모든 것들에 대해 판결을 내렸다.

커피하우스가 성행할 당시 혹스톤Hoxton에는 정신병원이 많았다. 덕분에 혹스톤 스퀘어 커피하우스Hoxton Square Coffeehouse는 "정신병자를 심문"하는 곳으로 유명해졌다. 일단 정신병자로 의심되는 사람이 밧줄에 묶여 커피룸으로 끌려 들어온다. 방 안에서는 커피하우스 손님들로 구성된 배심원들이 정신병자로 추정되는 사람을 살피거나, 쿡 찔러 보거나, 말을 걸어 보기도 했을 것이다. 그런 다음 그들은 담배를 피우고 커피를 마시며 정신병원 감금 여부를 투표로 결정했다. 이런 과정을 통해 정신병자로 판정받은 사람은 그 지역 정신병원으로 끌려 나갔다.

코벤트 가든에 있던 몇몇 커피하우스에서는 위트 있는 배심원들이 시인·극작가·소설가들의 명성을 만들기도 했고, 망가

뜨리기도 했다. 최초의 위대한 문학 커피하우스는 보 스트리트Bow Street에 있던 윌 커피하우스였다. 왕정복고 시대에 드라이든Dryden이 많은 사람들에게 둘러싸여 이야기를 나누곤 했던 바로 그곳이다. 그가 일장 연설을 늘어놓으며 내미는 약간의 코담배 가루를 받아 보는 것은 모든 젊은 작가들의 꿈이었다. 알렉산더 포프Alexander Pope도 12살 소년이었을 무렵 이곳을 방문한 적이 있다. 이곳에서 그는 안락의자에 앉아 문학 논쟁을 중재하던 드라이든을 지켜보았다고 한다. 드라이든의 극찬은 문학적 성공의 보증수표나 다름없었다. 오늘날로 치면 스티븐 프라이Stephen Fry가 트위터상에서 공개적으로 지지의사를 표명하는 것이나 마찬가지였다. 포프는 드라이든을 친절하고 위트 넘치는 노인으로 기억했다. 하지만 그는 달변가이면서도 독설가였다. 드라이든이 다시 안락의자에 파묻혀 코담배를 찾을 때면, 수십 명의 젊은 작가들이 만신창이가 된 채 커피하우스를 떠나곤 했다.

1700년 드라이든이 죽은 후, 윌 커피하우스가 잘 차려입은 도박꾼들의 소굴로 전락하기까지는 10년이 채 걸리지 않았다. 이후 길 아래쪽에 있던 버튼 커피하우스Button's Coffeehouse가 문학 총리직을 넘겨받았다. 1712년 이 커피하우스를 연 이는 작가이자 저널리스트였던 조셉 애디슨Joseph Addison이다. 개점 초기 이 커피하우스는 결혼생활이 순탄치 못했던 조셉 애디슨의 도피처가 되기도 하였으나, 곧 재치 넘치는 사람들이 모여드는 큰 가게로 성장했다. 애디슨, 스틸, 포프, 아버스넛Arbuthnot 같은 런던 최고의 문학 스타들이 매일 이곳에 모여 신작 시·희곡·소설을 평론했다. 커피하우스 서쪽에는 대리석으로 만든 사자 머리 — 실제로는 사자 머리와 마법사 머리를 섞어 놓은 것 — 가 입을 쫙 벌려 날카로운 이빨을 드러내고 있었다. 사람들이 편지나 5행 속요, 기타 장르의 작품들을 이 사자 입 속에 넣어 두면, 애디슨은 이 사자가 소화한 것들 중 가장 좋은 글을 가려 모아 『가디언』*Guardian* 주간판 특별호에 게재하였다. 이 한 장짜리 특별호는 애디슨이 자신의 커피하우스에서 직접 편집하였는데, 가격은 1.5펜스였다. 세상에서 가장 엉뚱한 방식으로 문학적 소통을 이끌어 냈던 이 사자 머리는 사실 으스스한 베네치아의 전통을 영국인들이 장난스럽게 바꾸어 놓은 것이었다. 애디슨이 『가디언』에서 설명하였듯이, "입을 최대한 크게 벌린" 여러 마리의 대리석 사자들은 베네치아 도제 궁doge's palace[15]의 수호 석상이었다. 이 석상들이 "참수형에 처할" 반역자를 고발하는 글을 삼키도록 고안되었다면, 애디슨의 사자는 아무에게도 해를 끼치지 않는 귀여운 고양이일 뿐이었다. 커피하우스에서 대중의 심부름꾼 역할을 하는 이 사자가 『가디언』을 통해 "영국 전역이 다 울릴 정도로 포효할" 때면 무명작가들의 글은 버튼 커피하우스라는 경계를 뛰어넘어 널리 조명되었다. 그리고 이제 재치 있는 소수가 아니라 대중이 작품의 문학적 가치를 최종 판단하게 되었다. 오늘날 이 자리에는 스타벅스 매장이 들어서 있다. 예전의 사자-마법사는 스타벅스의 공동체 게시판으로 대체되었고, 유쾌하면서도 문학적인 버튼 커피하우스의 분위기는 흔적도 없이 사라져 버렸다. 지금 이곳에는 블루 플라크blue plaque[16]조차 설치되어 있지 않다.

1750년경 버튼 커피하우스가 폐업하자, 이 사자는 코벤트 가든 광장의 베드포드 커피하우스Bedford Coffeehouse로 옮겨졌다. 『커너서』*Connoisseur*에 의하면 이곳에서는 "다양한 문학 장르가 비판적으로 검토되었다. 특히 신문에 게재되거나 극장에서 공연된 모든 작품들의 가치가 평가되고 결정되었다." 또 이곳으로 옮겨진 사자 옆에는 "연극 온도계"라는 것이 있었다. 이것은 작품에 대한 대중의 생각을 보여 주는 획기적인 바로미터barometer였다. "탁월한"에서 "꽤 괜찮은"과 "그저 그런"을 거쳐 "형편없는"에 이르기까지 단계별로 눈금이 표시된 이 온도계는 커피하우스 단골들이 신작 희곡에 매긴 비평의 온도를 보여 주었다. 어떤 평가가 내려질지 몰라 신작 개봉 후에는 이곳에 들르기를 꺼리는 극작가나 배우들이 많았다고 한다. 이는 의회에서 제대로 된 성과를 내지 못한 정치인들이 웨스트민스터에 있는 커피하우스에 갈 때도 마찬가지였다. 한번은 새뮤얼 피프스가 해군 행정에 대한 세 시간짜리 의회 연설을 끝낸 후 아무 생각 없이 윌 커피하우스에 들른 적이 있었다. 그는 그때의 상황을 이렇게 기록해 놓았다. "코벤트 가든에 있는 커피하우스에서 하필이면 필립 하워드 경Sir Philip Howard을 만났다. 그는 내 의회 연설에 대해 말도 안 되는 찬사를 늘어놓는 방식으로 나를 망신시켰다. 그것도 커피하우스에 있던 모든 사람들 앞에서."

다른 몇몇 사람들은 커피하우스, 특히 왕립협회Royal Society 주변에 있던 과학 커피하우스 안에서 행한 활동으로 평가받았다. 한번은 어떤 자연과학자가 죽은 돌고래를 등에 지고 그레시안 커피하우스에 들어왔다. 그는 돌고래를 바닥에 내동댕이친 다음 칼을 꺼내 해부를 시작했다. 당시는 과학과 계몽의 시대였다. 프랜시스 베이컨Francis Bacon과 르네 데카르트René Descartes 이후 고대 세계의 지식은 철저한 실증 분석의 대상이 되었다. 과학자들은 이제 그 어떤 것도 맹목적으로 신봉하지 않게 되었으며, 자신의 이론을 증명하기 위해서는 실험을 해야만 했다. 호기심 많고 말 많고 술 취하지 않은 청중들을 마주할 수 있는 커피하우스보다 명성을 쌓기 더 나은 장소가 있었겠는가?

그러나 몇몇 자연과학자들은 엄청난 실패를 맛보았다. 윌리엄 휘스턴William Whiston이 그런 경우였다. 그는 1736년 어느 커피하우스에 뛰어 들어가, 10월 16일 혜성이 세계를 멸망시킬 것이라고 예언하였고, 도시 전체를 공황 상태에 빠트렸다. 그러나 혜성은 끝끝내 나타나지 않았고, 그는 명성에 큰 타격을 입었다.

커피하우스의 시대가 시작되기 이전 몇 세기 동안, 남자들은 명예를 지키기 위한 방편으로 종종 결투를 신청했다. 그러나 커피하우스의 시대가 도래한 후에는 대화와 토론으로 자신의 명예를 지키게 되었다. 이는 이제 좀 더 성숙한 시민 사회로 나아가게 될 것임을 보여 주는 전조였다. 물론 옛 방식이 하루아침에 사라지지는 않았다. 어떤 토론들은 너무하다 싶을 정도로 사소한 것에 집착하였고, 또 상당히 거칠었다. 그레시안 커피하우스에서 벌어진 그리스어 억양법에 대한 토론이 바로 그런 경우였다. 이 토론은 극도로 과열되어, 곧 정중함이라고는 찾아보기 어려운 지경이 되었다. 격분한 토론자들은 데버루 코트에서 결투를 벌여서라도 끝장을 보려 했다. 결국 결투가 벌어졌고, 한 명이 칼에 찔려 사망했다. 서사시에나 등장할 법한 장면이 실제로 연출되었던 것이다.

모든 것은 온갖 여론이 뒤섞여 들끓는 커피하우스에 달려 있었다. 이곳에서는 옷을 입는 방식, 상황에 재치 있게 대응하는 방식, 심지어 스푼을 잡는 방식까지 부지런히 관찰되고 논의되었다. 하지만 당대의 커피하우스들은 오늘날까지도 잔존하는 계급 편견을 당시 영국 사회 중산층의 뼛속 깊숙이 각인시킨 우월의식의 용광로이기도 했다.

커피하우스가 낳은 것들

The Spawn of the Coffeehouse

커피하우스는 치열한 경쟁이 벌어지는 무자비한 공간이기도 했다. 조잡한 아이디어나 주장은 혹독하게 비판받았다. 하지만 교묘한 조롱, 재치 있게 내뱉는 가시 돋친 말, 날카로운 반박으로 손님 한 명이 절망에 빠질 때마다, 그 자리에 있던 다른 사람들은 영감을 얻었다. 커피하우스에서는 항상 최고의 아이디어들만 살아남았는데, 이 중 몇 가지는 현대 자본주의 세계를 만드는 맹아萌芽가 되었다.

커피하우스에 모인 사람들의 호기심은 우선 저널리스트들의 창의성에 불을 붙였다. 시장 관저Mansion House 자리에 있던 스미스 커피하우스Smith's Coffeehouse는 손님들의 질문을 모아 세계 최초의 질의응답 잡지 『아테니언 머큐리』*The Athenian Mercury*를 탄생시켰다. 궁금한 사항을 질문지에 적어 커피하우스 우체통에 넣어두면, 자칭 전문가 집단인 '아테니언들'이 커피하우스에 모여 앉아 답변을 만들었다. 이들이 머리를 쥐어짜 만든 상세한 답변은 1690년에서 1697년까지 일주일에 두 번 출간되었다. 이 잡지의 초창기 호號들을 훑어보면, 17세기 말에 사람들이 혼란스러워했던 사안들이 오늘날의 신문이나 잡지 고민상담 칼럼에서 다루는 질문들과는 많이 달랐음을 알 수 있다. 몇 가지 예를 들면, 아주 초창기에는 "흑인들은 왜 피부가 검죠?", "달에도 사람이 살고 있나요? 만약 있다면, 그들은 버림받은 연인들인가요?"라든가, "제가 고양이를 세게 문지르면 왜 고양이는 어둠 속에서도 빛이 나나요?"와 같은 것을 질문했다. 질문과 마찬가지로 대답도 우스꽝스러웠다.

콘힐에 있던 커피하우스들은 전 세계의 부러움을 산 멋진 아이디어와 발명품들이 영국에서 탄생하도록 영감을 불러일으켰다. 롬바드 스트리트Lombard Street에 있던 로이드 커피하우스Lloyd's Coffeehouse에서는 상인들, 선장들, 지도 제작자들 그리고 증권 중개인들이 모여 영국 보험산업을 일으켰다. 해운 관련 최신 정보들을 가장 먼저 확보하려고 애썼던 에드워드 로이드Edward Lloyd는 자신의 커피하우스 앞에 목재 연단을 설치한 후, 런던 부두의 정보를 즉각 보고해 줄 심부름꾼들을 고용했다. 그가 연단에 서서 선단船團의 와해나 선박의 피랍被拉 소식을 전하거나, 먼 타국에서 금광이 발견되었다는 뉴스들을 큰 소리로 외칠 때면, 그곳에 모인 사람들은 단 한마디도 놓치지 않으려 기를 썼다. 정보를 하나라도 놓쳤다가는 파산할 수도 있었기 때문이다. 오늘날 이곳에는 영국의 대형 슈퍼마켓 체인인 세인즈베리가 자리하고 있다. 해외에서 들어온 수많은 정보로 분주했던 이곳에는 이제 자동 계산대의 삑삑대는 소리만 요란할 뿐이다.

익스체인지 앨리Exchange Alley에 있던 커피하우스들은 이보다 훨씬 큰 영향을 미쳤다. 이곳의 커피하우스들이 없었다면, 영국은 어떤 의미에서건 로마보다 더 큰 제국을 건설하지는 못했을 것이다. 오늘날 이곳은 다른 거리와 별반 다를 것 없는 휑한 보도步道이다. 툭 불거진 쓰레기봉투에서는 쓰레기가 조금씩 삐져나오고 있고, 차가운 콘크리트 바닥에는 담배꽁초만 뒹굴고 있을 뿐이다. 이런 거리가 한때 약삭빠른 거래와 과시적 소비를 자랑하는 곳이었다는 사실이 믿기지 않을 것이다. 당시 이곳에는 열 개의 커피하우스가 성업 중이었는데, 가장 유명한 곳은 개러웨이 커피하우스였다. 런던 최초로 차茶를 판매했던 이곳은 "초를 이용한 경매"의 탄생지이기도 하다. 긴장감 넘치는 경매 행사가 열릴 때면 웨이터는 불붙인 양초에 핀을 꽂아 넣었다. 그런 다음 테이블 위에 쌓아 놓은 설탕, 다이아몬드, 칼, 비버 모피, 부동산 계약서 같은 물건에 호가呼價하도록 손님들을 유도했다. 밀랍이 녹으면 핀은 결국 떨어지게 된다. 경매 물건은 핀이 떨어지기 직전 맨 마지막으로 호가한 사람에게 낙찰되었다. ('핀 떨어지는 소리가 들릴 정도로 조용한'이라는 관용구는 바로 여기서 나온 것이다.) 개러웨이 커피하우스는 오늘날의 이베이eBay나 마찬가지였다. 이베이에서 노예를 살 수 없다는 것만 빼면 말이다.

길모퉁이에는 영국 최초로 주식을 거래했던 조나단 커피하우스Jonathan's Coffeehouse가 있었다. 진지한 분위기와 런던 금융 지구의 중심이라는 입지 덕분에 주식에 손을 대려는 사람들에게 이곳은 곧 메카Mecca와도 같은 곳이 되었다. 호구虎口들 등쳐 먹으려는 악귀 같은 사람들에게도 마찬가지였다. 커피하우스 안에서는 무역상들, 기술자들, 전문직 종사자들이 주식 중개인들과 함께 앉아 커피를 홀짝거리며 최근 주가 추이를 훑어보거나, 유가증권에 대해 서로 의견을 교환했다. 반들반들한 테이블과 고급 촛대, 우아한 곡선을 자랑하는 가구와 멋진 그림 덕분에 조나단 커피하우스는 특히 더 찬란해 보였다. (오늘날 비엔나에 있는 커피하우스들을 보는 듯하다.) 물론 이 모든 것들은 요령 있는 투자자라면 손에 넣을 수 있는 엄청난 부를 상징하는 것이었다. 하지만 이 익스체인지 앨리 구석구석에는 악귀 같은 인간들이 도사리고 있었고, 조나단 커피하우스는 곧 주식투기꾼들의 소굴이라는 평판을 얻게 되었다. 존슨 박사의 표현대로라면, 주식투기꾼이란 조작된 루머를 커피하우스에 퍼뜨려 가치 없는 주식은 사들이고 귀중한 주식은 내다 팔도록 만드는 "악질惡質"이었다.

대니얼 디포Daniel Defoe는 주식투기꾼들이 이곳에서 암약暗躍하고 있다는 사실을 잘 알고 있었다. 그는 "사기에 기반하고 있고, 기만에 의해 생겨났으며, 계략·부정행위·감언이설·위조품·거짓말 그리고 온갖 종류의 망상으로 키워진" 투기적 거래에 대한 글을 남겼다. 그는 실로 예언자였다. 이 글을 쓴 지 3년 만인 1722년, 남해회사 버블 붕괴 사건South Sea Bubble crash[17]이 터져 수천 가구가 파산하고 영국 경제는 벼랑 끝에 몰렸으니 말이다. 이

후에도 영국은 전 세계적인 무역 네트워크를 구축하고 초강대국의 지위를 유지하려 애써 왔다. 그러나 그럴수록 커피하우스가 낳은 자본가들의 혁신제품들—주식, 보험, 신용거래—에 대한 종속만 심화될 뿐이었다. 이후 빈번한 증시 붕괴, 특히 1929년과 2008년의 증시 붕괴에도 불구하고 커피하우스가 잉태한 자본주의는 살아남았다. 라임 스트리트Lime Street에 있는 매끈한 튜브 모양의 빌딩으로 본사를 이전한 로이드사(이 회사는 본사 현관에서 근무하는 직원을 여전히 웨이터라 부른다)는 지금도 번창 일로一路에 있고, 급증하는 국가 부채는 경제를 엉망으로 만들고 있으며, 까탈스러운 '시장'의 힘은 여러 나라를 쓰러뜨릴 정도로 커졌다.

쇠퇴와 몰락

Decline And Fall

1790년 7월 24일, 나이 지긋해진 제임스 보즈웰이 침울한 내용의 일기를 남겼다. 그날의 일기는 이렇게 시작된다. "기분이 좋아진 나는 커피하우스에서 사람들과 어울려 즐거운 저녁 시간을 보내고 싶었다." 하지만 그레시안, 템플, 조지, 그리고 난도(이전의 레인보우 커피하우스) 같은 커피하우스에 손님이 한 명도 없는 것을 확인한 그는 결국 코벤트 가든 광장까지 가 보았다. 그러나 베드포드 커피하우스는 텅 비었고, 피아자 커피하우스Piazza Coffeehouse에도 "고독한 신사 한 명"만 앉아 있을 뿐이었다. 또 다른 날의 일기는 마태복음의 한 구절을 연상시킨다. "쉴 곳을 찾아 여러 커피하우스를 돌아다녔으나, 결국 찾지 못했다." 이날도 그는 사람들과의 접촉에서 오는 온기를 갈망하며 올드게이트 커피하우스Aldgate Coffeehouse까지 갔지만, 그곳에도 손님은 없었다. 하는 수 없이 그는 간단히 저녁만 때우고 일어나야 했다. 그의 일기는 이렇게 이어진다. "다시 거리로 나왔을 때 나는 너무나 우울해졌다. 눈물이 볼을 타고 흘러내렸다."

커피하우스는 왜 쇠퇴하게 되었을까?

익스체인지 앨리에 가 보면 단서를 얻을 수 있다. 조나단 커피하우스가 있던 자리에는 현재 새까만 출입문에 '8'이라고만 적힌 회원제 클럽이 섬뜩하게 서 있다. 커피하우스에서 회원제 클럽으로 바뀌어 가던 18세기 중반 이후의 트렌드를 상징적으로 보여주는 풍경이다. 사실 이러한 변화는 1730년대 세인트 제임스 스트리트St. James's Street에 있던 화이트 커피하우스White's Coffeehouse에서 시작되었다. 부유한 단골들이 이 커피하우스를 사서 전前 주인을 지배인으로 고용한 다음, 입장료를 두 배로 올려 이 공간을 독점했다. 많은 다른 커피하우스들도 뒤따라 변해 갔다. 1762년 한 무리의 증권 중개인들이 조나단 커피하우스를 사들인 후 자신들의 전용 공간으로 사용했다. 이곳은 오늘날까지도 클럽으로 남아 있다. 다른 커피하우스들은 인Inn, 호텔 그리고 레스토랑으로 바뀌었다.

그러자 커피하우스가 사람들을 반기는 유쾌한 공간이어야 한다는 원칙도 사라지기 시작했다. 1767년에 영 슬러터 커피하우스Young Slaughter's Coffeehouse를 방문했던 한량 윌리엄 히키William Hickey는 그곳에서 "6명의 점잖은 노신사들"이 신문을 읽고 있는 것을 보고 몸서리를 쳤다. 그리고 이렇게 단정지었다. "그들은 우둔하고 고집 센 늙은이들이었다. 진저리 나는 가발을 쓴 따분한 인간들이었으며, 융통성이라고는 전혀 없어 보였다. 어느 모로 보나 우리 같은 피 끓는 청춘들과 한데 섞일 수 없는 사람들이었다." 그러나 이는 손님들이 서로를 "동등한 수준의 지성인"으로 인정하는 것이 영국 커피하우스의 특징이었다고 말한 어느 유명한 독일 사회학자의 생각과는 얼마나 거리가 먼가?[18] 클럽은 오늘날까지도 존속하고 있지만, 조지 왕조 풍의 커피하우스는 사라진 지 오래다. 몹시 안타까운 일이다.

클럽으로 전락하지 않은 커피하우스에서도 사람들이 점차 프라이버시를 추구하게 되면서, 커피하우스는 보다 조용하고 배타적인 공간으로 바뀌기 시작했다. 1789년 어느 폴란드인이 이런 글을 남겼다. 영국 커피하우스에서 "어떤 소음도 듣지 못할 것이다. 다른 손님들에게 방해가 되지 않게 다들 나지막이 말한다." 칸막이로 나누어진 부스가 등장하는 일련의 인쇄물을 보면 그가 받은 인상이 잘못된 것이 아니었음을 알 수 있다. 프리베privés라고도 불린 이 부스는 1760년대부터 일제히 설치되기 시작했다. 긴 공용 테이블은 사라지고, 처음으로 개인 간의 대화가 주를 이루게 되었다. 물론 이 칸막이들은 상당히 얇아서 남의 사생활 캐기를 좋아하는 손님들을 제대로 막아 주지는 못했다. 하지만 대화를 엿듣겠다는 생각은 그때부터 이미 남의 사생활을 침해하는 무례한 짓으로 여겨졌다. "염탐"은 오늘날과 마찬가지로 비난의 말이었다.

커피하우스의 관에 못을 박은 또 다른 요인들도 있었다. 주요인은 차茶였다. 동인도 회사를 살리기 위해 정부가 수입관세를 인하하자, 18세기 후반에는 찻값이 훨씬 저렴해졌다. 그러나 사람들은 차를 마시러 밖으로 나가지는 않았다. 이는 존슨 박사도 마찬가지였다. 매일 저녁 그는 응접실에서 눈 먼 가정부와 사랑스러운 고양이 호지Hodge를 옆에 두고 엄청난 양의 차를 마시곤 했다. 기술 발전이 뉴스의 유통에 미친 영향 또한 간과할 수 없다. 19세기 초 전신 기술이 발명되자, 정보는 불과 몇 시간 안에 전 유럽으로 퍼져 나갔다. 상인들, 은행가들, 주식 중개인들, 부유한 무역상들이 복잡하고 지저분한 런던 도심을 벗어나 엡섬Epsom이나 캠버웰Camberwell 같은 교외의 빌라로 옮겨 가기 시작한 것도 이때쯤이었다. 그러자 이들과 거래하던 가게 주인들도 곧 그들 뒤를 따를 수밖에 없었다. 정보 수집 기능을 빼앗긴 런던의 커피하우스들은 예전의 모습을 되찾지 못했다. 1866년 대서양 전신 케이블이 개통된 날로부터 딱 2주 뒤, 런던에 남아 있던 마지막 커피하우스 발틱Baltic이 문을 닫은 것은 우연이 아니다.

하지만 커피하우스는 그보다 더 오래전에 이미 영혼을 잃어버렸다. 1826년 어느 저널리스트는 이렇게 추억하고 있다. “코벤트 가든을 지나다닐 때마다 그 옛날의 커피하우스들이 떠오른다. 그곳은 누구에게나 열려 있는 교류의 장이었으며, 무엇보다도 사람 냄새 물씬 풍기는 곳이었다. 그러한 만남도, 그러한 만남에 어울릴 만한 커피하우스도 이제 더 이상 존재하지 않는다.”

커피하우스의 미래

The Future of the Coffeehouse

파스쿠아가 판잣집 같은 커피하우스를 세운 지 360년이 흐른 지금, 우리는 또 다른 커피하우스 혁명을 경험하고 있다. 런던에는 지난 5년간 수많은 소규모 독립 커피하우스들이 생겨나 스타벅스 같은 거대기업과 경쟁하고 있다. 가장 잘 해내고 있는 곳으로는 테일러 스트리트 바리스타Taylor Street Baristas, 플랫 화이트Flat White, 더 에스프레소 룸The Espresso Room, 토우파스 카페Towpath Café, 노츠Notes, 몬머스 커피Monmouth Coffee를 들 수 있겠다. 벗겨진 나무 바닥, 노출 벽돌 구조물, 흑판에 써 놓은 메뉴, 브랜드명이 쓰여 있지 않은 종이컵, 펜던트 조명, 그리고 보도 위의 벤치. 이것들로 인해 200여 개의 독립 커피하우스들은 세련된 창고 같은 느낌이 든다. 찻집이 고풍스럽다면, 커피숍에도 그 나름의 멋이 있는 법이다.

이들은 자신들이 만든 커피에 대단한 자부심을 가지고 있다. 레더 레인Leather Lane에 있는 프루프록 커피Prufrock Coffee 같은 가게들은 모든 것이 수학적으로 정밀하게 계량·측정되는 커피 실험실 같다. 스타벅스의 경우 암스테르담에 있는 거대한 공장에서 원두를 공급받지만, 독립 커피숍들은 스퀘어 마일Square Mile이나 누드 에스프레소Nude Espresso처럼 런던에 기반을 둔 로스팅 업체로부터 콩을 공급받는다. 이들은 재능 있는 바리스타들을 고용하여 커피 공급의 각 단계를 윤리적·절차적 측면에서 개선했고, 커피를 장인정신이 깃든 음료로 격상시켰다. 이로써 이들은 분명 새로운 커피 운동을 추동하는 일원이 되었다. 커피 맛이 좋아졌으므로 이들의 노력은 성과가 있었다.

하지만 커피에 관한 수많은 정보가 담겨 있는 앱App '런던 최고의 커피London's Best Coffee'(이 앱은 블루 크로우 미디어Blue Crow Media라는 곳에서 만들었다)의 리뷰를 보면 18세기 스타일의 유쾌함을 갖춘 커피숍은 아직 거의 없음을 알 수 있다. 스토크 뉴잉턴Stoke Newington 뒷골목에 있는 동네 커피숍 프레드 앤 프랜Fred and Fran에 대해서만 다음과 같은 리뷰가 하나 달려 있다. "일부 런던 시민들은 당혹스러워할 수도 있으나, 처음 만난 사람들이 서로 인사하고 소개하는 것을 나는 여기서 실제로 보았다." 이것이야말로 옛 커피하우스의 존재 이유 그 자체가 아니었던가!

제3의 물결은 아직 일지 않았다. 그러니 지금 이러한 작은 변화를 진정한 혁명으로 만들어 보자. 가장 아름다웠던 조지 왕조 시대의 커피하우스로 그 방향을 되돌려 보자. 다음에 독립 커피숍에 가게 되면, 홀로 앉아 플랫 화이트나 음미하며 노트북 앞에 고개 숙이지는 말자. 낯선 이에게 다가가 그들 앞에 자리를 잡고,

그들의 어깨에 손을 얹으며 불멸의 네 단어를 속삭여 보자. “무슨 새로운 소식 없나요?”

옮긴이의 말

삐걱거리는 계단을 올라가 오래된 나무문을 열자, 꿈꾸던 세계가 펼쳐졌다. 누군가와 열띤 토론을 벌이고 있는 뉴턴, 휘스턴, 드라이든, 애디슨, 스틸, 포프…. 나는 몇 시간이고 그들의 말에 귀 기울이며 행복했다. 비 내리는 거리를 내다보며 작품 구상에 잠긴 윌리엄 호가스를 만날 수도 있었다. 나는 곧 그들과, 그들을 따뜻하게 품어 안았던 런던 커피하우스를 사랑하게 되었다.

17~18세기 런던 커피하우스라는 낯선 시공간을 알아가는 과정은 시종 놀랍고 즐거웠다. 우리 주위에서는 좀처럼 보기 힘든 모습이었기 때문이다. 하지만 아쉬움도 있었다. 우리나라의 카페는 저자의 말처럼 "침묵과 익명성이 만들어 낸 절망의 공간을 복제해 놓은 것일 뿐"일지도 모르겠다. 언젠가 우리의 커피'숍'도 낯선 이들을 환대하는 따뜻한 공간, 손님들 간의 상호작용이 극대화되는 유쾌하면서도 창의적인 커피'하우스'가 되길 기대한다. 그것이 어떤 모습으로 내 앞에 다가올지 벌써부터 궁금해진다.

출간 작업이 막바지에 접어들면서 거의 매일 막차를 탔다. 집이 있는 청도에는 11시 53분에 도착한다. 기차에서 내릴 때마다 영화 〈미드나잇 인 파리〉를 떠올리며 이런 생각을 했다. "아! 이제 곧 소설가 '길Gil'이 1920년대의 파리로 떠날 시간이군."

2016년 봄

옮긴이를 대표하여 김민지

미주

1. 태번(tavern)은 사람들에게 술(주로 와인)과 음식을 판매하던 술집 겸 식당으로, 비즈니스 장소로 많이 이용되었으며, 여행자들에게는 숙박을 제공하기도 하였다. 반면 인(inn)은 주된 기능이 여관이었고, 맥주와 에일을 판매하였다. 태번이 특별한 손님을 위한 공간이라면, 인은 공공에게 개방된 공간이었다.

2. 치안판사(magistrate)란 변호사 자격이 없는 일반인이 '경범죄' 1심 형사사건을 맡아 판단하는 사법제도에 따라 임명된 일종의 법관을 말한다. 영국에서는 1195년 기사(knight)를 치안판사로 임명하여 특정 지역의 치안을 유지하게 한 이래로 법률 비전문인을 치안판사로 임명하였는데, 현재 변호사 자격을 가진 로클럭(law clerk)이 치안판사의 법률문제 판단에 도움을 주고 있다.

3. 신사 과학자(gentleman scientist)는 대개 부유한 집안 출신으로, 생계 걱정 없이 연구에 매진할 수 있었던 과학자를 말한다. 아이작 뉴턴이나 찰스 다윈처럼 과학 발전에 기여한 사람들 중에 신사 과학자가 많았다.

4. 런던 대화재는 1666년 9월 2일 발생하여 나흘 동안 계속된 화재로, 이로 인해 런던 전역이 초토화되었다. 이를 묘사한 새뮤얼 피프스의 글이 유명한데, 이 글은 한국어로도 번역되어 있다. 『역사의 원전』(바다출판사, 2014) 282~287쪽 참조. 1666년 이후 런던에서 더 이상 흑사병이 발생하지 않은 것이 런던 대화재 때문이라고 추정하는 사람도 있다.

5. 디밴(divan)은 팔걸이 또는 등받이가 없는 긴 소파 형태의 가구이다.

6. 한 개의 인형 속에 더 작은 인형 몇 개가 겹겹이 들어 있는 러시아 전통 목각 인형 마트료시카처럼 컵 안에 더 작은 컵이 47개나 들어 있는 컵을 말한다.

7. 채무자 감옥(debtors prison)이란 말 그대로 빚(채무)을 갚지 못한 채무자를 가두는 감옥을 말한다. 영국에서는 1869년 채무자 법률(Debtors Act)이 제정되기 전까지 채무

를 변제하지 아니한 채무자를 감옥에 가둘 수 있었다. 오늘날 세계 각국에서는 채무불이행에 대해 인신 구속이 없는 파산(bankruptcy) 제도를 마련하여 채무자 감옥과 다른 제재 방법을 채택하고 있다.

8. 배심원 제도(jury system)와 관련된 본문 내용을 살펴보면, 12명의 배심원(juror)으로 구성된 대배심(grand jury)의 경우 배심원은 전원 일치된 의견에 도달할 때까지 계속 토의를 진행하였음을 알 수 있다. 형사사건의 경우 배심원은 최종적으로 전원일치(또는 만장일치)로 얻은 결론에 따라 유·무죄의 평결(verdict)을 표시하였다. 현재 영국은 종래 전원일치제를 절대다수결제(10:2)로 평결할 수 있도록 배심원 제도를 다소 변경하여 운영하고 있으며, 프랑스에서도 12명 중 8명의 일치된 견해로 유죄를 평결할 수 있도록 하고 있다. 우리나라는 2008년부터 형사재판에서 '국민참여재판'이라는 명칭으로 사실상 배심원 제도를 채택하였는데, 원칙적으로 전원일치제를 반영한 평결 방법을 도입하여 운영하고 있다.

9. 마룻바닥이 너무 오래돼 변형되고 더러워졌을 때, 대패질을 하여 깨끗하게 했다. 프랑스 인상주의 화가 구스타브 카유보트(Gustave Caillebotte)의 작품「바닥 대패질하는 사람」(Les raboteurs de parquet)이 바로 그런 장면을 묘사하고 있다.

10. 징두리널은 바닥에서 1m 정도 높이로 벽면에 붙이는 널빤지를 말한다. 17~18세기 영국에서는 습기 차단 및 단열을 위해 벽에 나무판을 덧대기 시작했는데, 현대에 와서는 인테리어용으로 광범위하게 사용되고 있다.

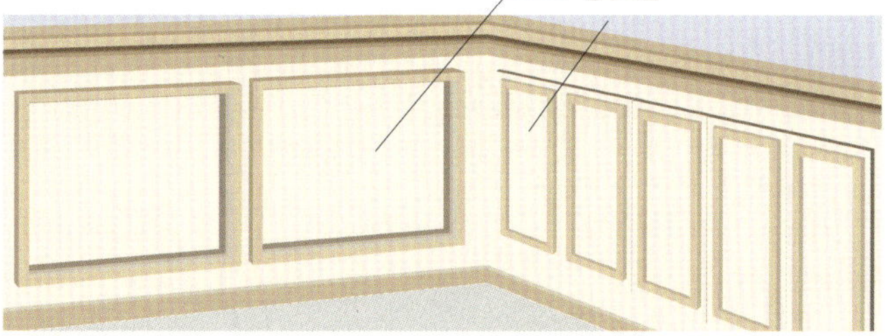

11. 트위들덤과 트위들디(Tweedledum and Tweedledee)는 존 바이럼이 자신의 시에서 처음 쓴 표현으로, 두 사람 또는 두 집단이 구별할 수 없을 정도로 닮았음을 뜻한다. 주로 부정적인 의미로 사용된다.

12. 통계청의 정의에 따르면, 해당 지역의 야간인구(상주인구)에 타 지역에서 유입되는 통근·통학인구(주간유입인구)를 더하고 타 지역으로 유출되는 통근·통학인구(주간유출인구)를 뺀 것을 말한다.

13. 영국 검열법은 인쇄출판물을 이용한 개인의 의사 표시가 용이해진 사회적 여건하에서 정치적·종교적·사회적 불만의 표시를 규제할 목적으로 제정된 인쇄출판 허가제를 말한다. 영국에서는 1637년 출판허가 칙령으로 인쇄출판에 대한 규제가 처음 시작되었고, 1662년에 출판허가법(Licensing Act)이 제정되어 1694년까지 시행되었다. 이 출판허가법이 인쇄출판물을 사전에 검열하는 제도로 악용되었기에 이를 검열법이라 부르기도 한다. 이와 관련해서는『저작권의 발명과 발전』(한국학술정보, 2013) 참조.

14. 인신보호율(Habeas Corpus)은 영국 의회에서 1679년 찰스 2세의 폭정에 대하여 국민의 인권을 보장할 목적으로 제정한 법률이다. 본문에서 말하는 '1715년의 조치'란 자코바이트 반란(Jacobite Rising)에 대한 두려움으로 그 반란 가담자에 대하여 인신보호율 적용을 잠정적으로 중단했던 사건을 말한다. 인신보호율은 현행 헌법에 규정한 구속적부심제(헌법 제12조 제6항)와 관련이 깊다. "누구든지 체포 또는 구속을 당한 때에는 적부의 심사를 법원에 청구할 권리를 가진다."

15. 두칼레 궁전이라고도 불리는 도제 궁(doge's palace)은 구 베네치아 공화국 최고 통수권자인 도제의 거주지이자 집무 공간이었다.

16. 블루 플라크(blue plaque)란 특정인 또는 특정 사건을 기념하기 위해 건물 벽에 붙이는 푸른색 명판을 말한다. 현재 영국의 문화유적 관리기관인 잉글리시 헤리티지(English Heritage)에서 설치 및 관리하고 있다.

17. 남해회사(South Sea Company)는 남아메리카 등지에서의 식민지 무역을 목적으로 1711년에 설립되었고, 1719년에 주식회사로 전환되었다. 채산성 없는 사업으로 성장을 기대할 수 없었지만, 시중에 퍼진 루머로 인해 투기 열풍이 일었다. 폭등하던 주가는 1720년에 결국 폭락하고 말았다. 이 사건은 영국 경제에 큰 타격을 입혔다.

18. 본문에 언급된 "어느 유명한 독일 사회학자"는 위르겐 하버마스(Jürgen Habermas)이다. 그의 책『공론장의 구조변동』(나남출판, 2001)에 따르면, 커피하우스에 모인 사람들은 신분과 지위의 고하에 관계없이, 그리고 부유함의 정도에 관계없이 서로를 동등한 존재로 생각했다. 이와 관련해서는 부록에 실린 최정규 교수의 글「커피하우스, 고립을 넘어 교류로」를 참조하기 바란다.

부록

· 커피하우스, 고립을 넘어 교류로
· 커피하우스 시대의 영국 약사略史
· 커피하우스에서 만난 사람들

17세기 이후 런던 커피하우스의 흥망성쇠가 흥미진진하게 펼쳐지고 있는 이 책에는 적지 않은 인물과 역사적 사건들이 등장한다. 인물이나 사건에 대한 구체적인 이해가 없어도 내용을 파악하는 데 큰 어려움은 없으나, 독자의 편의를 도모하는 차원에서 몇 가지를 덧붙였다. 우선 이 책의 시대적 배경이 되는 17~18세기 영국의 역사를 간략히 정리하였다. 개별 주석 형태가 아니라 본문과 관련된 약사(略史)의 형태를 취한 것은 역사적인 사건의 경우 인과관계와 구체적인 맥락이 중요하다고 판단했기 때문이다. 또 이 책에 등장하는 인물들에 대해서는 '등장인물 사전'의 형태로 정보를 제공한다. 부록과 미주의 역사 및 법률 관련 사항에 대해서는 경북대학교 김중락 교수(역사교육과)와 배대헌 교수(법학전문대학원)의 검토와 자문을 거쳤다. 부록 맨 앞에는 경북대학교 최정규 교수(경제통상학부)의 글을 실었다. 그의 글은 17세기 이후 런던 커피하우스가 당대의 어떠한 정치적·사회적·문화적·경제적 요인들과 화학 반응을 일으키며 근대 이후의 역사를 준비하였는지, 커피하우스가 사회적 자본으로서 어떤 의미와 가치를 지니고 있는지를 잘 보여 준다.

커피하우스, 고립을 넘어 교류로

최정규(경북대학교 경제통상학부 교수)

커피는 그 자체로 무궁무진한 이야기를 만들어 낼 수 있는 흥미로운 소재이다. 밤샘 작업을 할 때면 언제나 빼놓을 수 없는 필수재로, 고된 삶과 커피는 떼려야 뗄 수 없는 관계이다. 요즈음에는 맘에 드는 이성을 발견하면 "전화번호 좀 알려 주시겠어요?" 하겠지만 예전에는 "우리 차 한잔 할까요?"라고 말했다. 물론 이때 차는 커피를 의미한다. 무릇 '인연'의 시작에는 언제나 커피가 있었다.

시중에 커피를 소재로 한 책이 정말 많다. 어느 서점을 가더라도, 커피콩을 산지별로 분류하고 맛과 향이 어떻게 차이 나는지부터 시작해, 커피를 어떻게 내리고 추출해야 하는지를 알려 주는 책을 쉽게 찾아볼 수 있다. 저개발국에 사는 사람들이 겪어야 했던 피눈물 섞인 역사와 그들의 힘겨운 현실을 알려 주는 책도 있고, 이들 국가에서 커피 농가들이 제대로 된 몫을 받고 더 나아가 자립할 수 있도록 돕는다는 취지의 공정 무역이 왜 필요한지를 역설하는 책도 있다. 다른 한편 조선 말 고종 때 들어온 커피가 근대화의 물결 속에서 어떤 식으로 소비되었는지, 이후 근현대를 관통하면서 그 소비 양태가 어떻게 변화해 왔는지를 문화사적 측면에서 흥미진진하게 풀어낸 책도 있다. 그리고 수십 년간 맛있는 커피를 만들며 살아온 전국 방방곡곡의 커피 장인들을 찾아서 인터뷰한 책도 있다.

한편, 커피를 마시는 '장소'로서의 커피하우스에 주목하여 거기서 이루어지는 대화가, 거기서 형성되는 사람들 간의 관계가 근대의 새로운 사회 질서가 만들어지는 과정에서 어떤 의미를 갖는지를 진지하게 다룬 책이 있다. 경북대학교 학생 세 명이 함께 번역한 이 책은 바로 이러한 점에 초점을 둔, 영국 최초의 커피하우스에 대한 이야기를 담고 있다. 거창하게 말하자면 커피가 열어젖힌 거대한 정치적·문화적·사회적·경제적 변화에 대한 이야기이다. 커피하우스는 그때나 지금이나 커피라는 음료를 매개로 한 만남의 장소이다. 그러니 거기에 무슨 특별한 이야기가 있을까 싶지만, 당시 커피하우스에는 지금 우리가 살고 있는 세계를 만들어 낸 힘이 있었고, 우리 사회가 앞만 보고 달려가는 과정에서 잃어버린 그 무엇이 존재했다.

이 짧은 책을 읽는 동안 17세기 말에서 18세기 중반까지 런던에 우후죽순처럼 퍼져 나간 커피하우스의 모습을 머릿속으로 그려 보았다. 무엇이 그토록 당시 사람들에게 매력적이었을까? 당시 영국은 안팎으로 큰 변화를 겪고 있었다. 밖으로는 그동안 포르투갈과 네덜란드에 뒤처져 있다가 점차 해상무역의 주도권을 장악해 가고 있었다. 안으로는 몇 차례의 정치 혁명을 거치면서 의회정치라는 새로운 정치 형태가 확립되어 갔고, 신흥계급으로서의 부르주아가 정치·사회·경제 일반에 등장해 봉건제를 대체해 나가고 있었다. 아직 산업혁명은 일어나지 않았지만 당시 지식인들이 상업 사회라고 부르던 새로운 사회적 교류 양식이 점차 지배적인 양식이 되어 가고 있었다. 문화적으로는 14~16세기에 이탈리아를 중심으로 일어난 르네상스의 경험이 전해지면서 16세기에 이르러 셰익스피어 같은 대문호가 배출되기 시작했다. 또한 17세기는 계몽주의의 서막이 열리는 시기이기도 했고, 이해하려면 이해 못 할 게 없고 고치려 들면 못 고칠 게 없는 자신감 충만한 시기이기도 했다.

당시 정치적·사회적·경제적 변화는 사람들로 하여금 불행이 닥치면 그것을 숙명으로 받아들일 것이 아니라 자신들의 힘으로 세상을 바꿔 이겨낼 수 있다는 자신감을 불어넣기 시작했으며, 인간은 누구나 자유롭고 소중하다는 인권 의식을 싹트게 했다. 다른 한편으로 갑자기 커져 버린 세상은 같은 사회에 속해 있으면서도 지금껏 몰랐던, 나와 다른 환경에서 살아온 사람들에 대한 관심과, 바다 건너 다른 문화에 대한 호기심을 불러일으키기 충분했을 것이다. 그래서 다른 사람의 삶과 다른 사람의 지식, 그리고 다른 문화에 호기심 가득한 사람들이 커피하우스로 모여들었을 것이다. 따라서 그곳은 언제나 생기발랄하고 시끌벅적한 분위기 속에서 끊임없이 대화가 오고가는 장소였을 것이다. 어떤 이는 자기가 발견한 새로운 것을 자랑스레 이야기하고, 또 어떤 이는 어수선한 사회 곳곳에서 일어난 일을 사람들에게 전하고, 또 어떤 이들은 문화와 예술에 대해 심각하게 이야기했을 것이다. 한쪽 구석에서는 세상을 뒤바꿀 어마어마한 작전을 모의하고 있었을지도 모르겠다. 돈 벌 궁리를 하면서 돈 되는 사업이 무엇인지 정보를 교환하는 이들도 있었겠고, 방금 전 마친 과학 실험 결과를 놓고 심각하게 토론을 벌이는 이들도 있었을 것이다.

그로부터 300년쯤 후에 이러한 모습을 가장 적극적으로 평가한 사람은 위르겐 하버마스Jürgen Habermas였다. 그는 『공론장의 구조변동』에서 18세기 초 영국에서 확산된 커피하우스의 몇 가지 중요한 역할에 대해 이야기한 바 있다. 그는 당시 커피하우스가 개인들 사이에 벌어지는 토론을 조직화하는 장소로 자리 잡으면서, 새로운 사회로 변화하는 씨앗을 품고 배양하는 역할을 했다고 말한다. 그에 따르면 그곳에서는 첫째, 지위와 무관하게 사회적 교제가 이루어졌고, 권위는 부나 계급에 의해서가 아니라 말과 주장의 타당성과 논리성에 의해서만 얻어질 수 있었다. 둘째, 거기서의 토론은 이제껏 의문시되지 않았던 영역의 주제들을 다루었고, 철학이나 문학·예술을 둘러싼 이야기가 이들 논의를 독점하던 소수의 사람이 아니라 모두에게 열리게 되었다. 이제 지식과 정보는 다른 사람들이 접근하지 못하도록 배제하고 숨김으로써가 아니라 드러내고 표현함으로써만 힘을 획득할 수 있었다. 마지막으로 커피하우스는 특정인에 국한되지 않고 적절한 소양을 갖춘 사람이라면 누구나 드나들 수 있는 곳이었고, 누구에게나 열려 있는 대중적 기반 위에서 논의를 진행할 수 있는 곳이었다. 요약하자면, 신분과 지위에 구애받지 않고 누구나 참여하여 자신의 생각을 드러낼 수 있는 공간, 시끄럽고 정신없어 보여도 서로 의견을 나누면서 수렴과 합의를 이루어 내는 공간, 예술과 문학에 대한 논의에서 시작해 정치와 경제에 대한 논의로까지 이어지는, 그래서 근대에 걸맞은 토론과 대화가 이루어지는 공간, 이것이 하버마스가 묘사한 커피하우스의 모습이다.

어쩌면 하버마스처럼 거창한 의미를 부여하지 않더라도, 누군가는 커피하우스에서 사람들과 뒤섞이는 것 자체를 즐겼을지도 모르겠다. 집 밖에 나가는 순간 황무지 같은 삭막한 도시 속에 홀로 남겨진 듯한 느낌을 받은 사람이 마음의 위안을 얻기 위해 자신을 환대해 주고 말이 통하는 사람들이 있는 커피하우스를 방문했을지도 모른다. 하버마스가 의미 부여한 것처럼 정보를 얻고 자신을 드러내는 것이 중요한 게 아니라, 타인과의 활발한 교류를 통해서 자신의 자리를 찾고 비로소 삶의 활기를 얻기 위해 커피하우스를 찾기도 했을 것이다. 그 속에서 사람들은 낯선 사람을 만나 어떻게 이야기하고 어떻게 행동해야 하는지 품위 있는 예절을 배우고 낯선 이들과 어울려 살아가는 법을 배워 나갔을 것이다.

그러나 세상이 바뀌었다. 누구나 스마트폰을 손에 쥐고 있는 지금, 굳이 남에게 "무슨 새로운 소식 없나요?"라고 묻지 않아도 얼마든지 정보를 얻을 수 있고 SNS를 통해 사회적 교류를 할 수 있게 되면서 커피하우스는 사람들이 모여 있지만 서로 간의 교류 없이 각자 자기 일에만 몰두하는 개인적인 공간으로, 그리고 타인의 영역을 침범해서는 안 되는 배타적인 공간으로 변해 버렸다. 따라서 커피하우스는 새로운 소식을 묻고 서로 각자의 생각을 말하면서 시끌벅적한 대화가 이루어지는 공간이 아니라, 한곳에 있지만 교류가 없어 적막감이 감도는 공간이 되어 버렸다. 교류가 없기에 이제 다른 사람과 한 공간에 있을 때 지켜야 할 예절은 다른 사람의 휴식을 방해하지 않는 것이 되어 버렸다. 저자가 말하듯이 당시 영국은 갑작스럽게 거대해진 도시가 야기한 사회적 혼란과 외로움이 사람들로 하여금 자신의 취향과 개성에 맞는 커피하우스를 찾게 했고 그로부터 위안을 얻고 거기에 의존하게 만들었다면, 지금 우리 주위의 셀 수 없이 많은 커피하우스들은 고립된 개인들이 사는 거대한 사회를 그대로 옮겨 놓은 축소판으로 변해 버렸다. 『나 홀로 볼링』의 저자로버트 D. 퍼트넘Robert David Putnam이, 볼링장이 사람들이 몰려와 함께 볼링을 치는 곳에서 각자 자기 라인에서 혼자 볼링을 치는 곳으로 변화한 것은 미국인들의 정치적·사회적 참여 저하를 반영하는 것이고, 사람들 사이의 신뢰로 형성되는 사회적 자본이 해체되는 징후라고 개탄한 것처럼, 한국의 커피하우스도 같은 모습을 보여 주고 있다. 저자가 안타깝게 생각하는 것이 바로 이 부분이다.

우리나라에서 한 사람이 1년 동안 마시는 커피가 평균 341잔이라고 한다. 2014년 통계이고 매년 증가 추세를 보이고 있는 만큼, 지금은 훨씬 더 늘었을 것이다. 그렇다면 1년 동안 마시는 수백 잔의 커피 중에서 적어도 몇 잔은 그 옛날 런던의 커피하우스 같은 곳에서 처음 본 낯선 이와 스스럼없이 이야기 나누면서 마실 수 있다면…. 우리에게도 그런 열려 있고 생기 넘치는 커피하우스가 하나쯤 있다면 얼마나 좋을까!

커피하우스 시대의 영국 약사略史

김민지

영국의 근대 역사를 보면 왕과 의회는 서로 끊임없이 견제하고 대립했음을 알 수 있다. 왕은 프랑스의 왕처럼 절대왕권을 누리려 했고 의회는 이를 막으려 했기 때문이다. 여기에는 정치적인 문제뿐만 아니라 종교적·재정적인 문제도 결부되어 있었다. 영국 역사 전체를 볼 때 대헌장, 권리청원, 청교도혁명, 인신보호율人身保護律, 명예혁명, 권리장전에 이르기까지의 대장정을 거치면서 왕의 권력이 조금씩 의회로 넘어갔다.

엘리자베스 1세(1533~1603, 재위 1558~1603)의 뒤를 이어 집권한 스튜어트 왕조의 제임스 1세(1566~1625, 재위 1603~1625)와 찰스 1세(1600~1649, 재위 1625~1649)는 왕권신수설을 신봉했다. 또 제임스 1세는 잉글랜드 국교인 성공회를 강조하면서 청교도들을 탄압했고, 찰스 1세는 친가톨릭적인 정책을 실시하면서 온건 국교도와 청교도 모두를 분개시켰다. 이에 대항하여 1628년에 의회는 찰스 1세로부터 권리청원을 얻어 냈다. 당시 찰스 1세는 프랑스, 에스파냐와의 잦은 전쟁에 필요한 경비를 조달하기 위해 권리청원을 승인할 수밖에 없었다. 권리청원에는 국왕의 자의적인 권력 행사를 제한하고 국민의 자유권을 보장하는 내용이 담겨 있었다. 그러나 이듬해 의회가 관세 징수를 거부하자 찰스 1세는 이후 11년 동안이나 의회를 소집하지 않았고, 권리청원을 무시한 채 자의적으로 세금을 부과했다. 왕과 의회의 갈등이 극에 달한 와중에 잉글랜드 내전이 일어났다. 전쟁은 결국 올리버 크롬웰이 이끈 의회파의 승리로 끝이 났고, 찰스 1세는 1649년 처형되었다. 이후 열성적인 청교도인 크롬웰이 호국경의 자리에 올라 영국을 통치했다. 그는 금욕적인 생활을 강요하면서 음주, 도박, 연극 등을 금지시켰다. 크롬웰의 극단적인 통치에 국민들의 피로는 극에 달했다. 1658년 크롬웰이 사망하자 의회는 1660년 찰스 1세의 아들인 찰스 2세를 왕으로 옹립했다. 이를 '왕정복고'라 한다.

찰스 2세(1630~1685, 재위 1660~1685)와 제임스 2세(1633~1701, 재위 1685~1688)는 선대의 행보를 되풀이했다. 설상가상으로 이들이 친가톨릭적인 정책을 펼치면서 왕과 의회 사이의 반목은 더욱 깊어졌다. 그러던 중 프랜시스 젠크스라는 상인이 부당하게 구금되는 일이 벌어지자, 의회는 이 사건을 계기로 인신보호율을 상정하여 통과(1679)시켰다. 이제 누구든 법에 의하지 않고는 체포당하지 않게 되었다. 그러나 이는 잘 지켜지지 않았고, 왕의 명령에 따른 자의적인 체포가 빈번히 이루어졌다. 무엇보다도 제임스 2세는 노골적인 친가톨릭 정책을 실시하였다. 제임스 2세의 뒤를 이어 또다시 가톨릭교도가 왕위를 이을 것이 확실시되자 1688년에 의회는 제임스 2세를 추방하고, 네덜란드로 시집 간 신교도인 제임스 2세의 딸 메리 2세(1662~1694, 재위 1689~1694)와 그의 남편 오렌지 공公 윌리엄 3세(1650~1702, 재위 1689~1702)를 공동 왕으로 추대했다. 이를 '명예혁명'이라 한다. 이후에 의회는 왕으로부터 권리장전을 승인받았다. 권리장전은 의회의 입법권과 과세권 등을 규정함으로써 왕권을 제약하고 의회의 우위를 다지기 위한 것으로, 영국의 의회정치 확립에 크게 이바지하였다. 또 1694년에는 3년마다 총선거를 실시해 의회를 재구성하도록 법으로 정했는데, 1716년에 의원의 임기가 3년에서 7년으로 개정되었다.

윌리엄 3세의 뒤를 이어 앤 여왕(1665~1714, 재위 1702~1714)이 즉위하였다. 앤 여왕 치세에는 1707년 잉글랜드와 스코틀랜드가 국가 간 통합을 이루면서 영국이 탄생하였다. 그러나 앤 여왕이 후사 없이 사망하면서 스튜어트 왕조는 막을 내린다. 이에 의회는 독일의 하노버 공公 조지 1세(1660~1727, 재위 1714~1727)를 추대하였다. 하노버 왕조가 들어서자, 제임스 2세의 자손을 왕위에 올려 스튜어트 왕조를 부활시키려는 세력이 등장하는데, 이들이 이른바 자코바이트Jacobites이다. 자코바이트는 대개 스코틀랜드의 고지대 친족들과 잉글랜드의 가톨릭 귀족들이었다. 그들은 18세기 전반 내내 크고 작은 반란을 일으켰지만 계속 실패하였고, 가장 규모가 컸던 1745년 반란에서 패배하면서 자코바이트의 반란은 완전히 실패로 끝이 났다.

한편, 1688년부터 1815년까지 영국은 식민지 패권과 해상 패권을 두고 프랑스와 여러 차례 기나긴 전쟁을 벌였다. 영국은 7년 전쟁(1756~1763)에서 인도와 북미 대륙의 식민지들을 차지함으로써 식민지 경쟁에서 프랑스를 앞서게 되었고, 나폴레옹 전쟁(1803~1815)에서 마침내 승리를 거두면서 세계 최고의 해양 강국으로 거듭났다. 영국의 승리는 산업화로 인한 경제성장과 막강한 해군력이 뒷받침되었기에 가능했다. 이후 영국은 식민지들의 자본을 바탕으로 산업화를 더욱 촉진시키고 자유시장 경제체제를 구축해 나가면서 마침

내 빅토리아 여왕(1819~1901, 재위 1837~1901) 시대에 최고의 전성기를 맞게 되었다.

추천 도서_ 김중락 외, 『역사가 만든 도시』, 경북대학교출판부, 2012. / 나종일·송규범, 『영국의 역사』 상·하, 한울아카데미, 2005. / 박지향, 『영국적인 너무나 영국적인』, 기파랑, 2008. / 박지향, 『슬픈 아일랜드』, 기파랑, 2008. / 에릭 홉스봄 외 지음, 박지향·장문석 옮김, 『만들어진 전통』, 휴머니스트, 2004. / 이태숙, 『근대영국헌정』, 한길사, 2013.

커피하우스에서 만난 사람들

* 위키피디아 영문판 등을 참조하여 기술하였다.

❖ 네드 워드 Ned Ward, 1667~1731

영국의 작가이자 태번 주인. 1698년부터 1700년까지 런던의 일상을 담은 월간 잡지 『런던 스파이』를 발간하였고, 1703년에는 그것을 묶어 책으로 출판하였다. 『런던 스파이』는 때 묻지 않은 학자의 1인칭 시점으로 이야기가 전개된다. 주인공은 런던 토박이 친구와 함께 런던 곳곳을 다니며 다양한 사람들을 만난다. 매춘부, 도둑, 흉악범들에 대한 생생한 묘사와 외설적인 이야기는 물론, 당시에 사용했던 속어들을 볼 수 있다.

❖ 니콜라스 브레러턴 Nicholas Brereton, 1631~1680

영국의 수학자이자 정치가. 1659년과 1660년에 하원의원을 지냈고 1667년부터 1670년까지 공공회계위원회(Public Accounts Commission)의 의장직을 맡았다. 공공회계위원회는 해상권과 무역 항로를 놓고 영국과 네덜란드가 벌인 제2차 영란전쟁(英蘭戰爭, 1665~1667)에서 영국이 패하자, 영국 의회에서 해군의 패배 원인을 조사하기 위해 만든 기구이다.

❖ 대니얼 디포 Daniel Defoe, 1660~1731

영국의 저널리스트이자 작가. 정치 문제에 관한 갖가지 팸플릿을 썼는데, 「순수한 영국인」에서는 인종적 편견을, 「비국교도에 대한 최선책」에서는 종교적 편견을 비웃은 까닭에 당국의 노여움을 사 투옥되었다. 1704년부터 10년간 주 3회로 정기간행물 *The Review*를 발행했으며, 1719년에는 대표작 『로빈슨 크루소』를 발표하였다.

❖ 더들리 라이더 Dudley Ryder, 1691~1756

영국의 정치인, 판사, 작가. 포목상의 아들로 태어나 스코틀랜드의 에든버러 대학, 네덜란드의 레이던 대학에서 법학을 공부했다. 1715년부터 이듬해까지 미들 템플 법학원을 다니면서 쓴 일기가 사후에 출간되어 유명해졌다. 1719년 법원에서 일을 시작한 그는 1737년에는 법무상(attorney general)에, 1754년에는 고등법원 왕좌부(the King's Bench, 주로 형사 사건을 취급한 관습법 재판소로, 1873년에 폐지되었다)의 수석재판관에 임명되었다.

❖ 딕 휘팅턴 Dick Whittington

민담 〈딕 휘팅턴과 고양이〉의 주인공. 민담에 따르면 가난한 고아였던 딕은 자신이 키우던 고양이 덕분에 부자가 되었고, 후일 런던 시장 자리에까지 올랐다고 한다. 딕 휘팅턴의 실제 모델은 영국의 상인이자 정치가인 리처드 휘팅턴(Richard Whittington, 1354~1423)으로 알려져 있다. 영국 잉글랜드 남서부에 있는 글로스터셔에서 태어난 그는 런던에서 포목상으로 성공을 거두었을 뿐 아니라 네 번이나 런던 시장을 지내며, 부와 명예를 동시에 얻었다.

❖ 리처드 스틸 Richard Steele, 1672~1729

영국의 수필가·극작가이자 정치가. 조셉 애디슨과 함께 영국의 잡지 발전에 중요한 기여를 하였다. 두 사람은 『태틀러』(1709~1711), 『스펙테이터』(1711~1712), 『가디언』(1713) 등 세 종류의 잡지를 함께 창간하였다. 이들 잡지에는 사회적·도덕적 논평, 문학작품 또는 극작품에 대한 비평, 짧은 문학작품 등이 주로 실렸다.

❖ 무라드 4세 Murad IV, 1612~1640, 재위 1623~1640

오스만제국의 제17대 술탄. 아흐메트 1세의 아들로 태어난 그는 삼촌인 무스타파 1세가 퇴위하자 11살의 어린 나이에 술탄으로 즉위하였다. 즉위 후 한동안은 어머니가 그를 대신해 제국을 다스렸으나, 1632년부터 본격적으로 통치권을 회복하고 이전 술탄들의 통치기에 난무했던 부정부패를 척결하려고 노력하였다. 1633년 술, 담배, 커피를 금지시켰으며, 이를 어길 경우 사형에 처했다.

❖ 새뮤얼 존슨 Samuel Johnson, 1709~1784

영국의 시인이자 평론가. 옥스퍼드 대학에 들어갔지만 집안 형편이 어려워 도중에 그만두었다. 1775년 옥스퍼드 대학에서 명예박사학위를 받게 되자 사람들은 그를 존슨 박사(Dr. Johnson)라고 불렀다(이 책에 나오는 존슨 박사가 바로 이 사람이다). 그가 1755년에 편찬한 『영어사전』은 『옥스퍼드 영어사전』(옥스퍼드대학출판부, 1928)이 출간되기 전까지 가장 유명한 영어사전이었다. 애완 고양이 호지(Hodge)에 대한 사랑이 매우 각별해서 하인을 시키지 않고 자신이 직접 고양이가 먹을 음식을 사러 갔다 올 정도였다. 존슨 박사가 사망한 후 런던의 고프 광장(Gough Square)에 있는 그의 집은 박물관이 되었는데, 그 앞에 호지의 동상이 세워져 있다. 또 그는 차 애호가로 "내 차 주전자는 식을 시간이 없다. 차와 함께 저녁을 즐기고 차와 함께 밤을 위로하고 차와 함께 아침을 맞는다."라는 말을 남기기도 했다. 영어사전의 역사에 대한 자세한 내용은 『영어의 탄생-옥스퍼드 영어사전 만들기 70년의 역사』(책과함께, 2005)를 참조하기 바란다.

❖ 새뮤얼 피프스 Samuel Pepys, 1633~1703

해군 행정관이자 정치가로, 제임스 2세 휘하에서 탁월한 행정 능력을 발휘하였다. 또한 『일기』의 저자로도 유명하다. 그가 1660년부터 1669년까지 쓴 일기에는 당대 일상생활에서부터 1665년 흑사병의 유행 과정에 이르기까지 17세기 런던의 다양한 실상이 담겨 있다. 그는 속기 기호를 이용한 암호로 일기를 썼기 때문에, 19세기에 와서야 그 내용이 해독·출판될 수 있었다.

❖ 섀프츠베리 경 Lord Shaftesbury, 1671~1713

영국의 정치인이자 철학자. 어린 시절에 가정교사인 존 로크로부터 고전 교육을 받았다. 1695년부터 1698년까지 하원의원을 지냈고 1699년에 아버지의 뒤를 이어 백작의 지위를 계승한 뒤, 1701년에 상원의원이 되었다. 그는 진정한 신사가 갖추어야 할 덕목 중 하나로 공손함(politeness)을 꼽으며 "모든 공손함은 자유가 있기에 존재한다(All politeness is owing to liberty)."라고 말했다. 고대 그리스인들처럼 자유가 바탕이 되는 사회에서 비로소 공손함의 문화가 형성될 수 있다는 뜻이다. 또 이러한 공손함이 발현되기 위해서는 대화가 중요하다고 강조했다. 주요 저서로는 『인간, 예절, 의견, 시간의 특징』(*Characteristics of Men, Manners, Opinions, Times*)이 있다.

❖ 세자르 드 소쉬르 César de Sausssure, 1705~1783

스위스 로잔 출신의 여행 작가. 1724년부터 15년 동안 유럽 곳곳을 여행하며 겪은 일을 글로 남겼다. 1725년부터 1730년까지 5년간의 런던 체류기를 담은 *A Foreign View of England*에서는 런던 탑, 세인트 폴 대성당, 템스 강 등 런던의 랜드마크에 대한 생생한 묘사를 볼 수 있다. 커피하우스, 닭싸움, 축구 등 당시 런던 사람들의 일상생활 또한 생생하게 담아냈다.

❖ 스티븐 프라이 Stephen Fry, 1957~

영국의 배우, 작가, 코미디언, TV 사회자이자 영화감독. BBC TV 시리즈 〈Blackadder〉, 미국 범죄수사물 〈Bones〉 등에 출연하였고, 다큐멘터리 시리즈를 제작해 프로그램을 직접 진행하기도 했다. 그는 트위터상에 수많은 팔로어를 거느리고 있어, 그가 트위터상에서 잘 알려지지 않은 음악가나 작가를 추천하거나 정치에 대해 의견을 표명할 때면 그 반향이 매우 크다.

❖ 알렉산더 포프 Alexander Pope, 1688~1744

영국의 시인. 반(反)가톨릭적인 사회 분위기가 강했던 시대에 가톨릭 가정에서 태어난 그는 제대로 된 정규교육을 받지 못했으나 부유한 아버지 덕에 어린 시절부터 우수한 가정 교사 밑에서 셰익스피어, 드라이든 같은 작가들의 작품을 읽으며 문학을 공부했다. 12세 무렵 큰 병을 앓고 평생 불구의 몸이 되지만, 그때부터 시를 쓰기 시작해 풍자시집 『우인열전』과 철학시집 『인간론』 등의 수작(秀作)을 남겼다.

❖ 에드워드 로이드 Edward Lloyd, 1688~1713

로이드보험조합의 모태가 된 로이드 커피하우스의 창업자로, 1688년 런던의 타워 스트리트에서 로이드 커피하우스를 열었다. 선장, 무역상 등 해운 관계자들이 주 고객이었으며, 고객들이 편하게 보험 거래를 할 수 있도록 해상무역에 관한 주요 뉴스를 제공했다. 1696년에는 「로이즈 뉴스」(Lloyd's News)라는 신문을 창간하여 주 3회 발행하였다. 세계 최대의 재보험사(再保險社)인 로이드보험조합은 오늘날까지도 세계 보험시장에서 중심적인 역할을 하고 있다. 에드워드 로이드와 로이드 커피하우스에 대한 자세한 내용은 『로이즈 보험시장』(부산대학교출판부, 1994)을 참조하기 바란다.

❖ 윌리엄 페티 경 Sir William Petty, 1623~1687

의사 출신의 경제학자이자 통계학자. 그는 크롬웰 군대의 수석 군의관으로 아일랜드에 파견되었는데, 그곳에서 아일랜드 반란군에게 몰수한 토지의 가치를 평가하면서 통계를 익혔다. 상품의 가치와 그 상품을 만드는 데 들어간 노동의 양이 비례한다는 노동가치설을 최초로 제창한 것으로 유명하다. 그는 『정치산술』(*Political Arithmetic*)에서 사회와 경제의 제(諸) 현상에 대해 통계학적 설명을 시도하였다. 이러한 시도는 애덤 스미스의 분업론에 많은 영향을 끼쳤다.

❖ 윌리엄 호가스 William Hogarth, 1697~1764

영국의 화가이자 판화가. 아버지인 존 호가스(John Hogarth; 이 책에 나오는 라틴 커피하우스의 주인이 바로 이 사람이다)의 커피하우스 사업 실패로 가난한 유년 시절을 보냈다. 그가 활동하던 당시 영국 미술계는 장엄하고 화려한 유럽 대륙 스타일의 예술과 왕실 중심의 초상화가 주류를 이루고 있었는데, 이러한 상황에서 그는 상류층 사람들과 영국 사회의 병폐를 풍자하는 작품으로 명성을 얻었다. 「유행에 따른 결혼」, 「진 거리」(Gin Lane) 등이 대표 작품이다. 또한 그는 자신의 작품을 표절로부터 보호하기 위해 저작권 보호 법령 제정에 힘을 쏟았다. 그 결과 1735년에 '판화가의 저작권 법령'이 제정되었다.

❖ 윌리엄 휘스턴 William Whiston, 1667~1752

영국의 수학자이자 신학자. 케임브리지 대학에서 수학을 전공했다. 1703년 뉴턴의 후임으로 케임브리지 대학의 루카스 석좌교수(Lucasian professor of Mathematics)에 임명되어 수학을 강의했다. 이 교수직은 과학 및 기술 분야에서 위대한 인물로 손꼽히는 사람에게 주어지는 직위이다. 대표적인 저서로는 『지구의 신이론』(*A New Theory of the Earth*)을 들 수 있다.

❖ 윌리엄 히키 William Hickey, 1749~1830

영국의 변호사. 740쪽가량의 방대한 회고록으로 유명하다. 그의 회고록에는 18세기 후반의 런던, 마드라스, 자메이카 등에 대해 상세하게 기록되어 있다. 웨스트민스터 스쿨에서 교육을 받았는데, 그의 말을 빌리자면 "게으름과 방탕"의 삶을 살기 위해 도중에 학교를 그만두었다. 회고록에도 쓰여 있듯이 그는 런던에서 무분별한 섹스와 도박을 즐기면서 한량처럼 살았다.

❖ 자카리아스 폰 우펜바흐 Zacharias von Uffenbach, 1683~1734

독일의 고문서학자이자 프랑크푸르트 영사. 1709년부터 1711년까지 독일, 네덜란드, 영국 등지를 여행하며 쓴 글이 1753년에 *Merckwürdige Reisen*이란 제목으로 출간되었다. 1710년 옥스퍼드 대학 도서관을 방문해 고문서들을 살펴보고, 한스 슬론 경을 만나 그가 모은 7만여 점의 유물들을 구경하기도 했다.

❖ 제임스 보즈웰 James Boswell, 1740~1795

스코틀랜드 출신의 전기(傳記) 작가. 1763년 법률 공부를 하러 간 런던에서 영국 문학계의 거장 새뮤얼 존슨을 만났다. 새뮤얼 존슨의 학식과 인품에 매료된 그는 존슨을 스승으로 모시면서 스승의 행동, 말, 일상 등을 자세히 기록하였다. 새뮤얼 존슨 사후 출간된 *The Life of Samuel Johnson*은 현대 전기 문학사에 큰 획을 그은 작품으로, 영어로 쓰인 가장 위대한 전기문이라는 평가를 받고 있다.

❖ 조셉 애디슨 Joseph Addison, 1672~1719

영국의 작가이자 저널리스트. 잉글랜드 남부의 윌트셔 주에서 태어났다. 영국의 명문 사립학교 차터하우스 스쿨에서 공부했는데, 이곳에서 리처드 스틸을 만났다. 친구인 스틸과 함께 『태틀러』, 『스펙테이터』, 『가디언』을 발간하였다. 1712년에는 버튼 커피하우스를 열어 런던 문학가들에게 소통의 장을 제공하였다. 주요 작품으로는 비극 『카토』와 희극 『고수』가 있다.

❖ 존 드라이든 John Dryden, 1631~1700

영국의 극작가, 시인, 번역가 겸 비평가. 그는 풍자적·종교적·우화적 작품을 통해 영웅시격(heroic couplet, 대구를 이루는 약강 5보격의 2행시)의 기반을 다졌다. 당시까지 크게 주목받지 못하고 있던 셰익스피어, 밀턴 등의 작품을 매우 높이 평가한 것을 보면 비평가로서도 안목이 탁월했음을 알 수 있다. 알렉산더 포프와 같은 동시대 작가들에게 귀감이 되었다. 정치 풍자시 「압살롬과 아히도벨」이 그의 대표작이다.

❖ 존 바이럼 John Byrom, 1692~1763

영국의 시인이자 속기(shorthand)의 발명자. 후대인들에게는 성가 「Christians Awake, salute the happy morn」의 작사자로 유명하지만, 당대인들에게는 시인으로 잘 알려져 있었다. 가장 유명한 작품은 「My spirit longeth for Thee」로, 종교적인 분위기를 풍기는 시이다. 그는 속기 시스템을 발명한 뒤 'New Universal Shorthand'라는 이름으로 특허를 내고 옥스퍼드 대학, 케임브리지 대학에서 이 시스템을 가르쳤다. 19세기 들어서 더 편리한 속기 시스템에 자리를 내주긴 했지만 그의 속기 시스템은 속기 역사에서 중요한 발전 중 하나로 평가된다.

❖ 존 아버스넛 John Arbuthnot, 1667~1735

스코틀랜드의 의사이자 저술가. 앤 여왕의 주치의였으며 『걸리버 여행기』를 쓴 스위프트와 절친한 사이였다. 대표작으로 정치적 평론집인 『존 불의 역사』(*The history of John Bull*)가 있다. 이 저서에서 유래하여 전형적인 영국인을 가리켜 '존 불(John Bull)'이라고 부르게 되었다.

❖ 존 이블린 John Evelyn, 1620~1706

영국의 작가. 1641년부터 1697년까지 약 50년간 일기를 썼다. 그의 일기에는 찰스 1세의 처형, 흑사병, 런던 대화재 등 당대의 주요 사건이 망라되어 있다. 1661년에는 대기오염에 관한 최초의 책 『런던의 대기오염과 그 대책에 관하여』를 냈는데, 공장을 이전하여 도시에 녹지대를 조성하자는 당시로서는 혁명적인 주장이 담겨 있다. 영국의 과학 아카데미라 할 수 있는 영국 왕립협회의 초창기 멤버이다.

❖ 한스 슬론 경 Sir Hans Sloane, 1660~1753

아일랜드 출신의 영국 의사이자 과학자. 앤 여왕, 조지 1세, 조지 2세의 주치의였다. 1687년 자메이카에 15개월간 머물면서 800여 종의 동식물 표본을 수집한 것을 시작으로, 죽을 때까지 7만여 점에 달하는 책과 필사본, 동전, 메달, 동식물 표본 등을 수집하였다. 그가 죽은 후 유언에 따라 모든 소장품들은 조지 2세에게 전달되었는데, 이는 후일 대영박물관 건립의 초석이 되었다.

편집자 후기

런던 던트 서점Daunt Books에서 이 책을 처음 보았을 때가 떠오른다. 왜 Coffee'shop'이 아니고, Coffee'house'인지 궁금해했던 기억이 난다. 교열을 위해 편집자들이 원서를 돌려 읽은 후에야 이 궁금증은 어느 정도 해소되었다. '숍'이라는 단어가 주는 '거래'라는 느낌도, '방'이라는 단어에 내포된 사적인 느낌도 아닌 그 어떤 것이 '하우스'라는 단어에서 느껴졌다. 하우스는 원래 가족이라는 '공동체'가 거주하는 공간 아닌가! 가족처럼 서로를 잘 알고 있는 사람들, 낯선 이에게 적대적이지 않은 분위기, 신분과 출신에 상관없이 서로를 동등하게 여기는 자세…. 이 책에 묘사된 커피하우스는 분명 '숍'이 아니라, '하우스'에 가까웠다.

런던 커피하우스의 태동기인 1650년경 사람들에게는 '집 밖의 집'이 또 필요했다. 당시는 '근대'가 분주히 그 형상을 갖추어 가던 시대였다. 사회 전 분야에서 일어난 이런 전대미문의 급격한 변화 앞에서 시민들은 서로 모여 상황을 주시하고, 의견을 주장하고, 새로운 시도를 모색해 나갔다. 그곳이 바로 커피하우스였다.

지금 우리의 상황 또한 그리 다르지 않다. 당시의 런던 시민들이 근대를 경험한 첫 세대라면, 우리는 디지털 시대로 진입한 인류 첫 세대가 아닌가? 지금 우리는 무엇을 어떻게 해야 할까? 옛 런던 커피하우스의 정신이 디지털 시대의 혼란을 완화하는 하나의 방안이 될 수 있을까? 이 책이 이러한 문제를 생각해 보는 계기가 되길 기대한다.

김용훈